いじめない力、
いじめられない力

60の“脱いじめ”トレーニング付

品川裕香

岩崎書店

はじめに

私が最初に子どもたちにいじめの取材をしたのは1991年のことです。子どもの虐待の取材をしていたときに〝生まれつき育てにくい子〟は虐待の被害に遭いやすいと知りました。そこで、育てにくい子を含む、多様な子どもたちの育て方や指導方法について取材を進め、その過程で子どもたちの生の声を数多く聞くようになり、いじめの被害・加害状況も浮かび上がってきたのです。

以来ずっと子どもたちの話を聞いていますが、いじめの方法も形態も内容も対象も、時代とともに変わることを痛感しています。たとえば、2013年1年間に取材したうち、記憶に残っているだけでもこんなケースがあります。

・いじめの被害者だと学校にどなりこんできた親の子が、実は地味系な子たちを登下校中とＬＩＮＥ上でいじめていた。ほかの子たちといっしょに悪口を言わないと自分がやられるからやったと、本人は弁明。
・無視されている子をかばったら自分が無視されるようになり、しかも、かばってあげた子が率先して自分の悪口や嫌味を言って、いじめるようになった。
・いじめ撲滅宣言で表彰された直後から、同じグループの子から誘われなくなった。いい子ぶっている、目立ちたがっていると言われ、匿名のいやがらせメールが届くようになった。
・既読無視したと誤解され、「死ね」というLINEが1日何十件も届くようになった。学校では今まで通りなので人間がこわくなり部屋から出られなくなった。
・なにかを言うたびにKYだと言われ、クスクス笑われて、バカにされる。先生もいっしょになって笑うから学校に行くのがこわくなり、不登校になった。
・同じグループだった子たちから、ある朝突然、学校でもLINEでも無視されるようになった。そのことが3日後には学年中に広まり、学年全員から無視されたり、笑われたり嫌味を言われたり、トイレで下着を脱がさせられたり、トイレの水を飲まさせられるなど暴力をふるわれるようになった。親が担任に相談したら「いじめは卑怯だ」という授業が全クラスで行われた。しかし、いじめはひどくなった。親友からもやられたのが一番ショック。生きていたくない。

・小学3年生からいじめられていたが、中学受験するから気にせず勉強をがんばっていた。私立の中高一貫校に受かったが、小学校でいじめられていたことを知っていた人がうわさを広め、中学校でもいじめられた。先生はなにもしてくれず、親は「堂々としていろ」というばかり。今は消えたい。

昨日までのいじめっ子が突然、いじめられっ子になる。昨日までの親友が突然集団でいじめてくる。学校でいじめられなくても塾でいじめられる。学校でいじめられていたら塾でもいじめられる。学校などのリアル社会でのいじめ被害者がネットやLINEなどでの加害者になる……。

取材をしていると「固有名詞が異なるだけで、内容は変わらない」いじめの実態が、都会だとか山間地域だとかに関係なく、全国津々浦々で散見されます。そして胸が痛んだのは、どの子も同じようなことを私に訴えた点でした。

「大人は〝いじめは絶対にだめだ〟と言ってクラス目標にしたり、作文を書かせたりポスターを作らせたり授業をやったりする。でも、そんなこと、言われなくてもわかってる。いじめが見つかったら見つかったで、アンケートを書かせ、犯人を探しまくり、みんな同罪だと怒り、あやまらせたり、学校に来させなくしたりして、そのうえでまたしても、いじめはダメだっていう当たり前の授業をやる。(いじめが見つかった)その年とか、その学年はいいかもしれない。でも、そんなんじゃどうにもならない。登下校中は当たり前で、ネット、LINE、塾など学校以外の場所でいつ始まってもおかしくない。親友だと思っていた人がいきなり攻撃してくるから安心できない。それがいじめだ」

いじめられている子はもちろんのこと、いじめていると自認する子も、直接はいじめていないけれど、そばで見ているという子も、関わらないようにしているという子も……どの子も心の奥深いところでは、現状に強烈な恐怖と不安を抱き、絶望的な閉塞感に苛《さいな》まれ、苦しくいきづまった日々を送っていました。

私たち大人は、まず、このことを理解しなければなりません。

そして、もう一つ、とても大事なことがあります。

私は取材を通じ「こうやったら、いじめられない」「こうすれば、いじめっ子からわが子を守ることができる、いじめっ子に勝てる」「いじめはこうすれば起こらない」など、簡単で万能な解決策や予防策などないということも強く実感しています。

人間は社会（学校も社会です）の中で生きていきますが、集団の中にいる人がみな自分と同じ言語体系や思考パターン、価値観、文化、経験などを持つことなどありえません。一方で、自分とは異質な存在、差異のある存在について共感を持ちにくいというのは、決して珍しいことではありません。そういうとき、本能的に恐れや不安を感じて、排除しようと動いたとしても不思議ではないと思うのです。そんな特性が人間にあるとするならば、いじめはいつ、どんな場所ででも起こりうるものなのだと考えたほうがしっくりくるように思います。

いじめのない社会（学校・学級）を目指すことは必須ですが、いじめが起こらない前提に立ったり、いじめはいけないなどといった機械的な手法だけで子育てしたり、学校・学級を経営することは実質的ではありません。

そうではなく、いじめなど負の経験をしても立ちあがって、前に進む力を育てる必要があるのです。犯罪などを研究する学者たちは、こういった力を「弾力（resiliency）」と呼び、将来、社会に適応していくときに必要なものだと科学的根拠（エビデンス）をあげて説明しています。

うちの子は、もしかしたらいじめられているのではないだろうか。

いや、うちの子がだれかをいじめているかもしれない……。

あるいは、うちのクラスや学校にいじめがあるかもしれない……。

そんなとき、私たち大人はどうしたらいいのでしょうか？　いじめに対してなにができるのか、なにを指導すればいいのか……。

その答えが、この「弾力をつけることにある」と私は確信しています。そして、「弾力」こそが「いじめない力」であり「いじめられない力」なのです。

本書は、なにが「弾力」か、また、どうやったら、「弾力」をつけることができるのかについて解説します。

第1章では、「そもそもいじめをどうとらえたらいいのか」犯罪学などの理論を紹介しながら説明します。ちょっとむずかしいと思われる方は、そのまま第2章に進んでください。第2章では、第1章で紹介した「弾力」をつけるために必要だとされることがらのいくつかを取り上げ、具体的に身につけるための方策について検討します。また、発達障害があったり、発達障害の診断はなくても〝なにか気になる〟という場合を視野に入れ、まず、なにから取り組んだらいいかについても各項目の最後で説明しています。第3章は子どもが生得的に持っているかもしれない特性について、子どもたちの状態像から考えるヒントを紹介します。子どもの言動を発達的に理解し、〝こういう傾向があるなら、こういうアプローチをするといいかもしれない〟と考えて行動することによって、より効果的なしつけや指導ができるようになるのではないかと考えます。

ただ、いずれも簡単に獲得できるものではありませんし、身につけたからといっていじめに対する特効薬だというわけでもありません。くり返しますが、いじめは異質な存在を排除しようとする特性を土台にして、集団内に起こる暴力です。個人だけががんばったところで予防できたり、なくなったりするものではありません。

それでも、私は、弾力を身につけて実質的に使えるようになることは、必ず、子どもたちのためになると断言します。

なぜなら、これまで取材してきた「いじめから生き延びた子どもたち」にはみなこういう力が複数備わっていて、それらがいじめを乗り越える支えになったと説明できるからです。そして、それは犯罪学などのエビデンス通りなのですから。

目次

第1章
いじめをどう考えるか

どうして、いじめるのか――ハヤトの告白

「あのぅ……ほ、ほんとは……」

都心から電車で1時間半ほど行ったところにある地方都市。国道沿いにあるファミリーレストランの隅っこで、165センチはある大きな体をできうる限り小さくして座っていた小学6年生のハヤト（仮名・以下同）は蚊の鳴くような声で話し始めました。

「絶対……母にも先生にも言わないですよね。絶対ですよっ！」

必死になって訴えるその眼は潤み、今にも涙がこぼれ落ちそうでした。私が「わかった、絶対に言わない」と約束すると、ほんの少しだけ頬の緊張を緩めて少しずつ言葉を紡ぎます。

「実は、ぼくは……あの、いじめられているっていうよりも、どっちかって言っ

たら、いじめてるほうっていうか……そっちのグループっていうか……まったくウソを言ったわけじゃないんですけれど、ちょっと違うかもしれないって言うか……。ごめんなさい……」

消え入りそうな声でそう言うと、大粒の涙が一粒、テーブルの上に落ちました。

「ケンタは5月くらいからよく休むようになって、7月には来なくなったんです。そうしたら、ケンタのおかあさんが先生に『いじめられているから学校に行けない、無視している加害者たちに土下座させろっ』ってどなりまくったそうです。ケンタはもうずいぶん前から浮いていて、そんなの先生だって、おばさんだって知っていたのに、急に怒って文句を言ってきたんです。そうしたら校長先生とかまで出てきて、みんなでだれがいじめているのか探すって……」

何度も言いよどみながら、ハヤトは話し続けます。

「それでPTAとかでも問題になって……保護者会から帰ってきた母に『だれがいじめてるのか言いなさい』ってめちゃくちゃ責められたんです。『まさか、あんたがやってるんじゃないでしょうね、そんな子に育てた覚えはない』ってキレられて、つい自分だっていじめられているって言ってしまったんです」

息子から「いじめられている」と聞いた母親は真っ青になり、即担任に「いじめられているのはケンタくんだけではない」と訴えます。そして、息子には犯人を白状するようにきびしく迫ったのでした。

「でも、だれが犯人ってすごい言いづらい……ぼくはもちろん中心じゃありません。ぼく的には、ケンタとは話をしないっていうか、関わらないっていうか、さわらぬ神にたたりなしっていう立場です」

それは無視しているってこと？　そう聞くと、間髪入れずに否定します。

「違います。リアル無視はしてません。だって、給食の配膳のときとか掃除のときとか必要なことは話すし。それ以外は話さないけど、みんなもそうで、別に殴ったり蹴ったりしてません。パンツとかもおろさせたりしていませんっ！」

じゃあ、ケンタくんをいじめているって意識はないんだ、と確認すると、今度は黙ってうつむいてしまうのでした。

「リアルでは無視していないけど、LINEでは無視するかも。だって、突然わけわかんないのを送ってきてウザいから。だから既読無視(筆者註：LINE上で既読表示が出ているのに返信がないこと)してます。でも、ぼくだけじゃありません」

ということは、やはりいじめているという意識があるのか、だから最初にどっちかといえば、いじめているほうだと言ったのか、と問うと、またしても黙ってしまうのでした。

「……既読になったのに返信がこなかったら、イヤだろうとは思いますけど……でも、既読したら返信しなければいけないとは決まってないし。それに、返信できないような、わけわかんないことを書いてくるのはケンタのほうで……それでイラッてしてしまうっていうか。これはぼくだけじゃなく、みんなもそうで……。だいたい、ケンタって1、2年のころからKYだったんです。すぐ自慢したり、どうでもいい知識をひけらかしたり……。だからぼくらがケンタのこと、イヤなのは今にはじまったことじゃないです。それを今になって無視した、いじめたって言うのはおかしいと思う。既読無視までいじめなんですか。ぼくらに意味不明なＬＩＮＥ送ってきて、イラつかせるケンタはいいんですか？　ＬＩＮＥのグループには入れてあげているんだし、やっぱり納得いかないです」

ハヤトはこれらのことを母親にも担任にも説明できないときっぱりと言います。

「言ってもどうせ、わかってもらえないからです。ケンタのおばさんが騒いでから、大人はみんなケンタが被害者でそれ以外が悪者って感じです。だけど、ぼくだって既読無視されることはあります。だったら、ぼくだっていじめに遭っているって言えるんじゃないかって思って……それで、自分もいじめに遭ってるって、母に言ってしまったんですが」

ところが、親に問いつめられて「自分もいじめに遭っている」と言ったのはハヤトだけではありませんでした。加害者と目された複数の子どもたちが「被害者はケンタだけではない、自分だっていじめられている」と告白したため、担任は

「そんなことなどあるはずがない」と混乱し、校長は「担任の監督責任、指導力の問題」だと言い出し、保護者たちは「ウチの子こそ被害者」だと学校と担任、そしてケンタくんの保護者を激しく責めたのでした。

わかっているけど、やめるわけにはいかない、いじめの体質

今回、ハヤトの母親が息子を私のところに連れてきたのも「いじめの真犯人を探し出したい、息子は自分には話さないから聞きだしてほしい」からでした。私は取材者として、下は3歳から、上は30代の若者、そして、最近では40代、50代で社会適応の難しい人たちの話を聞いています。聞いた話は裏を取り、吟味分析し、検討し、原稿や書籍にしたり、講演で紹介したり、国や自治体の会議や研修会で話したりしています。

そういった職業柄、子どもの対応に悩む保護者が「子どもの話を聞いてやって

ほしい」と連れてくることもよくあります。

ハヤトの母親はほかの親たちといっしょに、担任を変えるか、ほかの先生にクラスに入ってもらうよう校長に働きかけていて、それがかなわない場合は市会議員のところに行って教育委員会を動かすつもりだと怒りを露わにしていました。

母親のそんな説明を聞いていたハヤトは「大人はまちがっている」と言います。「いじめは絶対にいけないって何度も授業でやったし、どこか別の学校みたいなところから先生っぽい人が来て、体育館で勉強したりゲームみたいなことをやったりもしました。親も先生も、いじめは絶対にやってはいけない、いじめられる人の気持ちになってみろ、いじめると自分自身もイヤな思いが残る、いじめている人を止めないのはいじめているのと同罪だ、もしいじめの被害にあった子が死んだら一生後悔する、なんて言うじゃないですか。あと、いじめ撲滅ポスター作ったり、標語を書いたりもするし、それと、ウチの学校は『自分は絶対にいじめません宣誓書』を書いたりもしました。

やらないよりは絶対ましだと思うけど、本音では、こんなんでいじめがなくなるとは思えません。だいたい、先生たちだってほかの先生の悪口を言ってるし、職員室で仲間外れにされている先生もいます。ウチの父親だって、上司のことをバカだって言ってるし、その人が失敗したのをざまあみろって笑っていたこともありました。母も職場の年上の人のことを使えないって言って、みんな迷惑がっているって言っていました。大人たちはそういうことをやっているくせに、ぼくらにはいじめはいけないとか、絶対に許さないとか……全然わけわかんないです」

　ハヤトはため込んでいたものを吐き出すかのように、話し始めたころとは打って変わって口をとがらせながら言い募ります。

　私は聞きました。じゃあ、既読無視を含めて、キミは今のままでいいと思う?

「……いいとは思ってません。ほんとです。でも、答えたくないLINEに義務で返信するのはおかしい。それを既読無視だ、いじめだって言われるのは納得がいかない。ケンタだって、女子にベタベタしてキモいってイヤがられています。

それってセクハラですよね。しかも、女子でも地味なグループの人にそういうことをして、派手なグループっていうか、おそれられている人たちには媚び売ってやらないし、いっしょになって地味なグループの人たちのことをバカにしたりしているんですよ。

みんな仲良くとかみんな仲間とか、そんなのきれいごとだと思う。だけど、今のままでいいとは思っていないけど、どうしたらいいかもわからない。なんとかしようとしたら、今度は自分がやられるっていうか、ターゲットになるのは目に見えてます。クラス中みんなそう思っていると思う。みんな、どうしたらいいかわかんないんだと思います。ぼくらだってウザって言ったり、既読無視したりするのがいいとは思っていない。だけど、大人たちのやり方でよくなるとも思えません」

20数年間、全国各地でハヤトのように、いじめの中で生きている子どもたちの話を聞きながら、大人ができること、すべきことはいったいなんなのか、私は模索し続けてきました。

取材を重ねていた2007年10月。私は第一次安倍内閣の教育再生会議の委員を務める機会をいただきました。そこで最初に議題にあがったのも、いじめ問題でした。2006年に福岡県筑前町で中学2年生が担任やクラスの男子たちから「死ね」などの心身への暴力を受けて自殺し、2007年には兵庫県の私立滝川高等学校3年の男子生徒が学校裏サイトに悪口を書かれ、金銭を強要されるなどの暴力を受けて自殺するなど、いじめが命を奪う事件が続いていたからです。

再生会議は何度も議論を重ね、以下のような提言を発表しました。

いじめ問題への緊急提言—教育関係者、国民に向けて

—平成18年11月29日

教育再生会議有識者委員一同

すべての子どもにとって学校は安心、安全で楽しい場所でなければなりません。保護者にとっても、大切な子どもを預ける学校で、子どもの心身が守られ、笑顔で子どもが学校から帰宅することが、何より重要なことです。学校でいじめが起こらないようにすること、いじめが起こった場合に速やかに解消することの第1次的責任は校長、教頭、教員にあります。さらに、各家庭や地域の一人一人が当事者意識を持ち、いじめを解決していく環境を整える責任を負っています。教育再生会議有識者委員一同は、いじめを生む素地をつくらず、いじめを受け、苦しんでいる子どもを救い、さらに、いじめによって子どもが命を断つという痛ましい事件をなんとしても食い止めるため、学校のみに任せず、教育委員会の関係者、保護者、地域を含むすべての人々が「社会総がかり」で早急に取り組む必要があると考え、美しい国づくりのために、緊急に以下のことを提言します。

①学校は、子どもに対し、いじめは反社会的な行為として絶対許されないことであり、かつ、いじめを見て見ぬふりをする者も加害者であることを

徹底して指導する。

～学校に、いじめを訴えやすい場所や仕組みを設けるなどの工夫を～

～徹底的に調査を行い、いじめを絶対に許さない姿勢を学校全体に示す～

②学校は、問題を起こす子どもに対して、指導、懲戒の基準を明確にし、毅然とした対応をとる。

～例えば、社会奉仕、個別指導、別教室での教育など、規律を確保するため校内で全教員が一致した対応をとる～

③教員は、いじめられている子どもには、守ってくれる人、その子を必要としている人が必ずいるとの指導を徹底する。日頃から、家庭・地域と連携して、子どもを見守り、子どもと触れ合い、子どもに声をかけ、どんな小さなサインも見逃さないようコミュニケーションを図る。いじめ発生時には、子ども、保護者に、学校がとる解決策を伝える。いじめの問題解決に全力で取り組む中、子どもや保護者が希望する場合には、いじめを理由

とする転校も制度として認められていることも周知する。
④教育委員会は、いじめに関わったり、いじめを放置・助長した教員に、懲戒処分を適用する。
～東京都、神奈川県にならい、全国の教育委員会で検討し、教員の責任を明確に～
⑤学校は、いじめがあった場合、事態に応じ、個々の教員のみに委ねるのではなく、校長、教頭、生徒指導担当教員、養護教諭などでチームを作り、学校として解決に当たる。生徒間での話し合いも実施する。教員もクラス・マネジメントを見直し一人一人の子どもとの人間関係を築きなおす。教育委員会も、いじめ解決のサポートチームを結成し、学校を支援する。
教育委員会は、学校をサポートするスキルを高める。
⑥学校は、いじめがあった場合、それを隠すことなく、いじめを受けている当事者のプライバシーや二次被害の防止に配慮しつつ、必ず、学校評議

員、学校運営協議会、保護者に報告し、家庭や地域と一体となって解決に取り組む。学校と保護者との信頼が重要である。また、問題は小さなうち（泣いていたり、さびしそうにしていたり、けんかをしていたりなど）に芽を摘み、悪化するのを未然に防ぐ。

～いじめが発生するのは悪い学校ではない。いじめを解決するのがいい学校との認識を徹底する。いじめやクラス・マネジメントへの取組みを学校評価、教員評価にも盛り込む～

⑦いじめを生まない素地を作り、いじめの解決を図るには、家庭の責任も重大である。保護者は、子どもにしっかりと向き合わなければならない。日々の生活の中で、ほめる、励ます、叱るなど、親としての責任を果たす。おじいちゃんやおばあちゃん、地域の人たちも子どもたちに声をかけ、子どもの表情や変化を見逃さず、気づいた点を学校に知らせるなどサポートを積極的に行う。子どもたちには「いじめはいけない」「いじめに負けない」

というメッセージを伝えよう。

⑧いじめ問題については、一過性の対応で終わらせず、教育再生会議としてもさらに真剣に取り組むとともに、政府が一丸となって取り組む。

この提言を受けて、文部科学省ではいじめの定義を変え、対応についてもガイドラインを作りました。それでも、２０１１年に起こった滋賀県大津市立中学校いじめ自殺事件のように、いじめは年々激しくしつこく陰湿になっていき、子どもたちを苦しめ続けています。

提言を出すに当たり、議論を重ねていたとき、有識者委員の間で根強かったのは「いじめるヤツが悪いのだから、登校禁止にすべきだ」「いじめられる子にも原因がある」という主張でした。こういった考えを持っている保護者や教師は今でも少なくなく、いじめの取材現場では金科玉条のように聞かれる言葉です。

しかし、いじめはいじめの加害者「だけ」の問題ではありませんし、いじめられる子に原因があるから仕方がないわけでもありません。これは、「はじめに」で紹介した事例やハヤトの事例からもわかっていただけると思います。

親や学校関係者など、子どもと係る人たちは、まず、そういった固定的ないじめ観を変えるところから始めなければなりません。

再生会議で、私は取材を通して学んだことと、犯罪学などのエビデンス（科学的根拠）をもとに「いじめは戦略的暴力であり反社会的な行為、つまり犯罪であると認識を変えるべきだ」とくり返し主張し、「いじめは発生する前の予防的指導や早期介入を集団や個人で行うことが必須である」と訴えました。

今一度、くり返します。

「いじめは戦略的暴力であり、反社会的な行為」つまり犯罪です。からかっただけ、冗談を言っただけ、ふざけただけ、いじっただけ、といっても、それらを複数の人間がやり、かつ、やられた人が不快や恐怖、不安を覚えた瞬間、それはいじめになるのです。

このことを学校や教師がまず実質的に理解し、そのうえで、いじめが発生する前にすべての子どもたちに徹底指導しなければなりません。また、保護者や地域の大人も同じように実質的に理解する必要があります。同時に、いじめは「いじめる子といじめられる子」「いじめる子には、はやし立てる子や傍観者も含まれる」といった二項対立的な分析や理解からの指導だけでは効果が上がりづらいことも了知しておかなければなりません。

さらに、いじめは犯罪ですから、教師も学校もいじめが起こらない学校経営や学級経営を行う義務があります。保護者や地域の大人も同様に、いじめが起こらないよう教師や学校をサポートしなければなりません。いくら先生ががんばっても、家庭や地域で大人が発するひと言がいじめを誘発することはとてもよくあります。

「いじめは絶対にダメ」「みんな違ってみんないい」など、きれいでわかりやすい言葉だけでは被害者は守れないし、加害者を生むことも防げられません。

いじめの加害者を登校禁止などにするのも問題の根本的な解決にはなりません。加害者とされる児童生徒の教育権を侵害するだけになってしまいます。

では、いったいどうしたらいいのか？

ところで犯罪学では、反社会的な行為は法律に触れるものだけを指すわけではありません。基本的に、社会的規則や他人の基本的人権を破る行為のすべてを指します。具体的には、短気ですぐかんしゃくをおこす、うそをつく、暴言を吐く、人を傷つける発言をする、反抗する、無断欠席をするという比較的軽いものから、いじめる、暴力を振るう、盗みをする、殺人を犯すまで、他者の権利を奪うあらゆる攻撃性を含んだ行動は、すべて反社会的な行為にあたります。

そして犯罪学では、いじめなどの反社会的な行為を取る確率を上げるものをリスク要因、リスク要因による影響を下げるものを保護要因と言います。いじめなど反社会的な行為は、言語、民族、文化などに関係なくリスク要因が多数重なり、保護要因が用意されていないときに起こると犯罪学者たちは証明しています。

学者たちは、

「たいていの子どもはいろいろなリスク要因をたくさん持って生まれ、晒《さら》され続けながら生きている。だが、弾力（レジリエンシー）のある子どもは、どれだけリスク要因が重なっても、上手に生活し、社会を生き抜いていける。研究者たちは保護要因を積み重ねることが弾力を上げ、失敗を防ぐこともできるようになるということを、研究によって証明している」

と説明しています。

「はじめに」でも紹介した「弾力」……。

これは簡単に言えば「失敗しても立ちあがる力」のことで、将来、社会に出たときに不適応を起こさないための大切な力なのです。いじめない力やいじめられない力とは、すなわち、弾力が育っていることを言います。ただし、「弾力」という「力」があるわけではなく、保護要因にあがっているようなことがらをたくさん身につけることが弾力を向上させると考えます。

ちなみに、リスク要因・保護要因にはそれぞれ個人、家族、学校、所属する集団の仲間、地域と5領域あります。学者によって微妙に差はありますが、次の頁で学校、家族、個人のリスク要因と保護要因について簡単に紹介しておきます。

ところで研究者たちは、弾力のある人の特性として、

「社会的能力が高いこと」
「自発性が高いこと」
「欲求不満耐性が強いこと」
「困難を跳ね返す力があること」
「物事をあきらめないこと」
「人から好感がもたれること」
「楽観的であること」

リスク要因

学校

■小学校からの低い学力・学業成績の低さ　■小学校３・４年生レベルの読み書きができない　■学校にいかない　■ルールに価値を見出さない　■友達からの拒絶・学校内での孤立　■教師との関係の失敗　■モラルの低い教師／生徒　■教師の指導力不足　■学校への否定的な態度／結びつきの弱さ／学校への愛着・コミットメントの低さ　■学校の雰囲気の悪さ／学校のまとまり・機能の悪さ／教師による否定的ラベリング　■学習障害者としての識別

家族

■貧困　■暴力親和性の高い両親や地域　■厳しい、もしくは一貫性のないしつけ　■愛着不足　■地域もしくは保護者の低い監護能力　■家族内葛藤　■アルコールや薬物問題　■子どもへの暴力被害と虐待

個人

■非行的な信念　■アルコールや薬物の早期使用　■衝動性や攻撃性が強い　■攻撃性や暴力の早期発現　■認知・神経的欠損　■時間感覚の欠如（将来起こる結果を予測する力が弱い）■感情（特に怒り）のコントロール力が弱い　■ストレスに弱い　■悪い仲間と親しい　■仲間からの拒絶　■暴力被害ないし暴力にさらされた経験（目撃も入る）　■早期からの行動上の問題　■生活上のストレス　■拒絶するスキルの低さ　■罪悪感・共感性の欠如　■早期の性的行動

保護要因

学校

■面倒見のよい支持的な成人の存在と関与　■生徒に対する高い期待　■学校の質の高さ　■明確な基準とルールがある　■学校への向社会的なかかわりの機会　■学校に参加する強力な動機　■学校に対する前向きな態度　■生徒の社会的絆（教師に対する愛着、信頼、関わりがある）　■平均を上回る学業成績　■読み書きのスキル　■学習スタイルを考慮した指導　■芸術、音楽、運動などを含めた豊かなカリキュラム

家族

■効果的な子育て　■親との良好な関係　■家族とのつながり・愛着　■家族との向社会的（相手に利益をもたらすような行動）な関わりの機会　■家族構成員の安定　■子どもに対する期待の高さ

個人

■社会的能力　■問題解決スキル　■自律性（セルフ・コントロール力）　■フラストレーションに簡単に負けない　■積極的／打たれ強い性質　■自己効力感　■セルフエスティーム　■前向きな態度／将来への楽観　■自分への高い期待　■健康的で伝統的な信念と明確な基準　■成人および友人から社会的サポートを得ているという認識

「知能が優れていること」

「大人を引きつける魅力があること」

「よい意味での注意や支援を、周囲から引き出す力があること」

「問題解決能力が高いこと」

「目的意識やセルフ・コントロールする力が高いこと」

「先を見通す力があること」

「自尊感情が高いこと」

「自己効力感が高いこと」

「自分のことを理解し、短所を乗り越える力があること」

「社会的に望ましい行為をして社会に貢献する傾向が高いこと」

などをあげています。


こうやってみても、弾力があるということは、保護要因をたくさん持っているということに等しいことがわかります。実は第2章で紹介する「いじめない力、いじめられない力」とは保護要因を具体的に知り、意識的に強化していこうという方法なのです。

少々むずかしい話が続きました。このリスク要因と保護要因は第2章以降もくり返し触れ、説明を重ねます。

また、別の研究者たちは、将来、自立して社会参加するためにはソーシャルキャピタルを獲得することが大事だと言っています。

ソーシャルキャピタルとは、簡単にいうと「人とつながる力」のことであり、「社会に参加するときのための〝武器〟」のことです。今後、社会がどう変わっていくかわからない以上、少しでも多くの〝武器〟を持っていたほうが適応しやすかったり、生き残りやすかったりするというのは言うまでもありません。

そしてこの武器こそが、保護要因を少しでも準備することだと、私は取材を通して考えているのです。

第２章

学校では教えてくれない、いじめに関わらない力を身につける

この章では、
保護要因がどうやったら身につけられるかを考えます。
また、そのときに土台となる力についても
紹介していきます。
なお、トレーニングの方法は
1から3はすべての子どもたちに。
応用編や、発達的な課題があれば
さらにやっておきたいことも明記してあります。

case

1

自分の気持ちをコトバにできる力

「やめて」と言えることは大事です。
意思表示できれば、いじめがそれ以上、エスカレートせず、
減ったりなくなったりする可能性も十分あります。
さらに、どうしていじめられるのがイヤなのか
コトバにできると、気持ちの整理ができてきます。

男の子たちに髪の毛を引っ張られたり、頭をたたかれたりした。なんでそんなことをされたか、わからない。ママには言えないし、学校に行くのも怖い。
（アミちゃん・小2）

私立小学校2年生の娘は最近、食欲がなく、頭痛を訴え、登校できません。どうしたらいいかわからず、焦るばかりで。
（アミちゃんママ）

娘が不登校になり、どうしたらいいか、わからない。
学校で受けた行為を数日かかって、子どもから聞き出したので担任に相談したところ「子どものケンカに親がすぐさま口を出すのはおかしい」と言われてしまい……。
現在も不登校は続き、実質、泣き寝入りの状態。
一体、親になにができるんだろう（アミちゃんママ談）。

２０１０年、皇太子ご夫妻の一人娘、愛子さまが「同学年の児童たちから乱暴を受けたことの不安感から学校を休んでいる」ことが公表されました。

そのとき東宮太夫は「学校側はすでに対応策を講じている。特定の児童が被害に遭っているわけではなく、いじめに当たるとは考えていない。効果が発揮され、不安感が早く払拭されるよう願っている」と発表します。

それに対して学習院側は「愛子さまへの暴力行為やいじめはなかった」と反論。しかも、直後に発売された週刊朝日のインタビューで波多野敬雄同院長（当時）は「愛子さまが怖がるとか怖がらないという問題は、これは東宮サイドで是正してもらわなければ……。わんぱく坊主を見て怖がっちゃうような環境で育てられているわけですから、それは学校が直すというよりも、ご家庭で直していただかないといけない」と答えたのでした。

ところがその後、愛子さまを含めた複数の子どもたちが乱暴を受けていたこと、愛子さまは「下駄箱のところで首を絞められたり、髪の毛を引っ張られた」のにだれにも言えず、登校できない日が続いたときに主治医に「学校へ行くのが怖い」と話したことで事態が発覚したことがわかりました。

さて、この問題、波多野院長が言うように、「わんぱく坊主を見て怖がる」愛子さまが過敏すぎるのでしょうか？　雅子さまが毎日、いっしょに登校され、授業を参観されたのはやりすぎだったのでしょうか？

いじめは集団に発生する反社会的な行為。加害者を排除するだけではダメ

長年、教育現場や子どもたちを取材している私からすると、登校しづらくなっているのが「愛子さま」であり、行けない学校が「学習院」という、どちらも特殊な存在だから目立っただけのこと。前出のアミちゃんの話からもわかるように、愛子さまのケースは教育現場においてはめずらしい話でもなんでもありません。母親が登校しづらくなった子どもに付き添い、授業参観するのもよくある話です。

ですが、波多野院長の「家庭で直していただかないと……」という言い分には強い違和感をおぼえます。なぜなら、問題は「学校内」で起こっているからです。文部科学省は学校を「アカデミックスキルだけを教える場」とは考えていません。学校は学力以外にも、規範意識、社会性をも学ぶ場であり、「社会の中で生きるための力を育む場」とはっきり謳っています。

子どもの人格形成上の健全な成長発達を考えても学童期は「集団」を学ぶ時期。世界中の国が5～7歳になった子どもは学校という多様性のある集団に入れることを原則としているのもそのためです。

ここで大人が今一度、考えなければならないのは「なにをもって、いじめとするか」ということ。この点が曖昧だと東宮太夫と波多野院長のような〝見解の相違〟は常に起こりますし、結果、不利益を被るのは子どもたちです。

第1章でも説明しましたが、犯罪や非行を扱う学問ではいじめを「戦略的暴力＝反社会的な行為」とみなします。つまり、ある子どもがほかのだれかから意図的に精神的・心理的・身体的なストレスをかけられ、安心安全な気持ちでいられなくなるのであれば、それはいじめであり、その子の人権を侵害する反社会的な行為なのです。

ところで、いじめが発覚すると、大人は加害児童や生徒を特定して排除したり、被害児童や生徒のほうにも問題があるなどと短絡的に捉えがちですが、いずれも効果はあまり期待できません。なぜなら、いじめは「集団」に発生するものだか

らです。そして、一度いじめが発生すると、具体的な指導をしない限り、いじめは残ります。つまり、一度いじめが発生している集団は再度、いじめが起こるリスクが高いと考えられるのです。いくら加害児童や生徒を排除したとしても新たな加害児童や生徒が生まれ、根本的な解決にはつながっていきません。

自分が受けた行為の意味や感情を言語化しないと、つらい心身状態は続く

このとき保護者として考えなければならないのは、学校側がいじめや暴力の存在を認めず、被害児童側のせいにして効果的な指導を行わないときの対応です。

子どもは相手の子の言動から〝意図的ななにか〟を受け取ったときに混乱し、傷つきます。ですが、感情や思い、状況などを言語化して説明する訓練を受けていない子どもには、感覚的に受け取った情報を言葉に置き換えるのはとてもむずかしい作業です。しかも自身が受けた言動やその意味、自分がどう思ったのかな

どを自分で言葉にし、理解し、納得できなければ、子どもは自分の心身の状態に説明がつかず苦しいままです。その結果、頭痛、腹痛、食欲不振、発熱などといった身体症状や恐怖、不安といった感情が強くなり、登校できなくなっていくこともあるでしょう。

保護者にできるのは、現状のしんどさが少しでも軽減できるよう「自分の気持ちをコトバにできる力」が養われるように育てること。感情の言語化については後述しますが、怒りや衝動性などをコントロールする力の土台にもなり、ほかの子をいじめないために必要な力でもあります。

そのためにはまず「語彙を増やす」ことが大事。これがいじめない子・いじめられない子になるための第1条件です。

TRAINING

どうやったら
コトバが増えるの？

step
1　絵本や本の読み聞かせをしよう

まずは「コトバのシャワー」を浴びせましょう。あらゆるコトバを毎日、耳から目からインプットさせていくのです。

これには絵本や本の読み聞かせが効果的。

新しいコトバが出てきたら意味を説明し、理解できたか質問して確認するといいでしょう。

step
2　1ができるようになったら、自分で絵本や本を読ませよう

文字を覚えたら、今度はいっしょに絵本や本を読み、その後は自分で読ませましょう。

そのときに、国語辞書を引きながら読む習慣をつけさせてください。新しいコトバが出てきたら辞書を引き、そこに付箋を貼っていきます。付箋が増えれば、「こんなにたくさん調べた！」という達成感も得られます。同じコトバを引いたときには違う色の付箋をつけるなどの工夫も。

step
3　覚えたコトバを使って文を作ってみよう

辞書で引くだけでは、使えるコトバは増えません。学んだコトバを使えるようになるには、作文することがいちばんいい訓練になります。

新しいコトバを使って、まずは口頭で即座に文を作る練習をするといいでしょう。

応用編　辞書を使ってゲームをしよう！

1～3ができるようになったら、辞書ゲームをやりましょう！　方法はとても簡単です。

①質問者は辞書から単語を選び、その意味を読み上げる
②回答者はその意味が示す単語を当てる

ある程度できるようになったら、その単語を使って文章を作るようにすると、語彙力がさらにつきます。大人が一方的に質問する役をせず、子どもと交代でやることがポイントです。

TRAINING

発達障害があるかも、と思ったら……

①絵本や本の読み聞かせをして
ことばのシャワーを浴びさせる

発達障害がある子どもや、診断はされていないけれど「なんか気になる……」という場合は、特に、絵本や本の読み聞かせはだいじです。

もし、LD（学習障害）やディスレクシアがあれば、語彙力が増えることがのちの学習の土台を支え、知識や情報の獲得に繋がります。アスペルガー症候群など自閉症スペクトラム圏の子どもは、単語にはいろいろな意味があるとかニュアンスが異なるということを知ることで、のちの誤学習を少しでも減らす土台ができます。

②日常会話の中で子どもの言葉を先まわりして言わない。
本人が話す単語の意味を随時確認し、言い換えさせる練習を！

語彙力が弱いと「ほら、あれ」とか「えっと、こうじゃん」など指示代名詞を使った会話をすることが多くなりがちです。

そのときに、「○○ね」などと大人が先回りして言わないこと。時間がかかっても、本人が自分で言葉を選び、少しでも表現するように待ってください。

また、ペラペラ話しているからと言って、頭の中で理解していることがそのまま言葉になっているとは限りません。「今、どういう意味で言ったの？」「○○って言ったけれど、それはどういうこと（何のこと？　何をさしているの？）」など、言い換えさせる練習もだいじです。

case

2

自分自身のことをわかる力

いじめといっても無視をしたり、ひどい言葉を投げつけたり、暴力をふるったりするものばかりではありません。

しかも、低学年の子どもたちは「なにがいじめかわからない」という場合もよくあるのです。

そうなる前に、子どもになにを教えておくべきか検討しましょう。

みんながぼくの机やノート、教科書にマジックで落書きする。イヤってうまく言えないから黙ってる。先生も注意しない（ケントくん・7歳）
息子のノートに落書きされたので激怒して担任にクレームを入れたが「子どもの遊び」で終わり。本当にムカつく！（ケントくんママ）

勉強道具にひどい落書きを見つけたので息子を問いつめたところ、クラスの男子にやられたとのこと。
すぐに担任に文句を言ったが「親が口を出すな」と言われ、問題親扱い。息子の被害は大きくなるばかりなのに学校は無責任すぎる。怒りが収まらない（ケントくんママ談）。

悲しい事件が続くことがあります。たとえば……。

２０１０年６月７日、神奈川県川崎市に住む中学３年生の男の子が「いじめられている友だちを救えなかった」ことを悔やみ、硫化水素を使って自殺しました。また、６月12日には、東京都文京区の公衆トイレで、やはり中学３年生の女の子が亡くなっているのが見つかりました。大学ノートには「死にたい」「友人がいない」と綴ってあったそうです。

いずれも学校側は「いじめは把握していない」（川崎市）「いじめの事実は確認されていない」（文京区）と言いました。ケース１で紹介した学習院の対応と酷似していたのです。

いじめのむずかしさは「なにをもっていじめとするか」、定義があいまいな点にあることはお話ししました。

たとえばこんなケースがあります。小学３年生で読み書きが苦手な女の子がいました。彼女は通級指導教室（専門的な指導を受けることができる教室）で自分に合った学び方で指導を受けながら着実に力をつけていました。

言葉上は応援してくれているのに、なぜか腹が立つ。巧妙ないじめの急増

ある日、担任が彼女に「通級指導教室に通う理由をみんなに説明しなさい」と言います。読み書きが苦手なのは、怠けているわけでもやる気がないわけでもなく、生まれつき学習のスタイル（脳が情報を受け取るときの方法）がみんなと異なるからなのですが、彼女はそれをどう説明したらいいのかわかりません。

そんなとき、母親が担任の指示を知り、激怒。学校側に激しく抗議しますが、担任は逆に母親をモンスターペアレント扱いします。互いにひどく責め合うようになりました。大人たちを見て悩んだ彼女は、自分は生まれつき、読んだり書いたりするのが苦手なこと、通級指導教室に通うと自分に合う方法で教えてくれて、よくわかること、がんばっているので応援してほしいことを連絡帳に書き、女の

子たちに読んでもらいました。

数日後、彼女の教科書には真っ黒の油性ペンで「○○ちゃん、がんばれ!」と書かれました。すれ違いざまに「えらいねえ!」「○○ちゃんはがんばり屋!」などとクスクス笑いながら言われるようにもなりました。彼女はそれがイヤだと担任に訴えるのですが、担任は「応援してくれているのに怒るなんて、みんなの気持ちがあなたにはわからないの?」と叱責します。

〝確かに言葉だけを考えたら応援されている。でも、私は言われるたびにムカつく。これってやっぱり私が悪いの?〟。怒りの原因がわからないまま、彼女はやがて登校できなくなったのでした。

取材をしているとこんな「ほめ殺し」のような陰湿ないじめが、特に小学生の間で増えているのを痛感します。確かに、多くの学校で「いじめはやめよう!」「いじめNO宣言」などの行動目標を掲げて、「人がイヤがることはしない・言わない」「チクチク言葉は使わない」「いいこと探しをしよう」など、いじめはいけないことを教えます。取材をしていると、たいていの教育現場はいじめの〝全体〟を捉えず、部分的な要素に注視する指導が多いように思います。ところがこういった指導では、いじめはますます巧妙になって発見が遅れ、対応もむずかしくなるばかりなのです。

１章でも説明しましたが、だいじなことは「いじめとは意図的に相手に精神的・心理的・身体的なストレスをかける戦略的暴力（反社会的な行為）」であり「集団に発生するもの」と定義して、子ども・家庭・学校・地域が共有することです。これが共有できていなければ、いじめられているのを知って、学校に相談に行っても「子ども同士の遊び」「からかっているだけ」と言われるばかり。ひどいときには苦情を言ってもモンスターペアレント扱いされ、なに一つ問題が解決しないこともあります。

暴力の実態把握には子どもが自分の言葉で説明できることが必須

学校側にモンスターペアレント扱いされず、いじめ問題を共有し、解決していくためには「暴力の実態」を把握し、その事実を学校側に淡々と提示することが第一歩。いつ、だれに、どこで、どういう状況で、なにをされた（言われた）のか。そのとき、被害を受けた子どもにどういう心身の症状が現れ、本人はどう思ったのか……。いじめの形態が多様化する今日、こういった事実を記録することはとてもだいじです。

ただし、これを実践するためには子どもが自分のことを理解していなければなりません。ケース1で「語彙を増やす」必要性について説きましたが、いくら言葉が増えても、そもそも自分の状態像をとらえることができなければ言語化することはできず、「いじめられている」こともわからず、人にも伝えられません。こういう場合、保護者が異変に気がつくのは、子どもに心身症状が出てからのことが多い。そのときにはいじめは定着している可能性が高いので、対処が後手に回り、指導の効果はますます上がりにくくなります。

ポイントは、子ども本人が自分自身をとらえ、理解したことを言葉で伝えられるようになること。これがいじめない子・いじめられない子になるための第2条件です。

TRAINING

自分のことを理解する力を上げるには？

step

1 『All about me（私についてのすべて）』を考えよう① ボディイメージ編

まず、鏡を見て自画像を描かせます。描いた自画像から見てわかる自分に関する情報（髪が黒い、目が黒い、肌が黄色い、ほくろがあるなど外見的要素）を言葉で説明させて、文字が書けるなら書かせます。兄弟姉妹や両親、祖父母のことも話したり、書かせたりするといいでしょう。

次に、身体のサイズに合うような大きな紙を床の上に敷き、その紙の上に子どもをあおむけに寝かせます。保護者は子どもの身体の線に沿うようにして、頭から足の先までの輪郭を取ります。子どもの等身大の人型ができたら、そこに髪の毛や顔、洋服や靴などを塗り絵のようにして書かせます。こうすることでボディイメージを獲得する土台ができます。

step
2『All about me（私についてのすべて）』を考えよう②　できること編

1ができたら、今度は「好きなもの」「できること」「得意なこと」など、ポジティブな方向から自分をとらえ、言語化する訓練をします。次に「苦手なこと」「不得意なこと」など、ネガティブなことをとらえ、言語化します。自分のことがわかったら、兄弟姉妹や両親、祖父母と比較し、自分を知り、他者のことを言語化する練習をします。

step
3『All about me（私についてのすべて）』を考えよう③　感情編

次に感情の変化に気づく練習です。怒ったり泣いたり笑ったりなど、感情が動いたときがチャンス。「どういう気持ち？」「なぜそう思うの？」「何がきっかけ？」「体はどう変化した？」と、素早く対応し、言葉に置き換える練習を。

応用編

★ Math about me!（私に関する数字のすべて）編

1〜3ができたら、自画像の横に、自分の関する数字のすべてを列挙します。身長や体重は？　兄妹の数は？　親戚の数は？　住所は？　電話番号は？　なんでも数に関わることならOK。子どもの想像力を刺激してあげることがポイントです。

TRAINING

発達障害があるかも、と思ったら……

発達的な課題があると、小さいうちからしょっちゅう怒られたり、同級生ができることが自分にできなかったりして、自分自身に失望する場面が多々あります。失敗経験が重なることで自己効力感が下がり、「自分なんかどうせダメだ」と自分にマイナスのラベルを貼る子もなかにはいます（その逆に自尊感情が高すぎる子もいて、後述しますが、それはそれで課題が出てきます）。

発達的な課題があるかもしれない子どもたちこそ、こういった自分を知るためのトレーニングを就学前から始めたいもの。絵を描くのが苦手だったり、書字が苦手な子どもほど1をていねいに。ボディイメージが低く、目で空間を捉える力が弱いとこういうことが苦手になりがちです。

また、2の「好きなもの」「できること」「得意なこと」など、ポジティブなことがらで括ることもやってあげて。発達的な課題があると、できない点、苦手な点などには気づきやすいのです。ただし、ポジティブな点ばかり気づいても苦手なことは見ようともしない、というケースも。だいじなのは、中庸であることをお忘れなく。

case

3

自分をコントロールする力

いじめは、いじめられる側からは被害状況が、いじめる側からは自己正当化したり責任転嫁したりする理由が強調されがちです。この視点では解決はもちろんのこと、予防にもつながりません。子どもが自分の状況を理解し、言葉にできるようになったら、次に必要なのは「自分をコントロールする力」です。

みんなで、ある子にいやなことを言ったりぶったりしてる。でも、イラつかせたりムカつかせたりするのはあの子。あの子がウザいからみんなストレスがたまるんだよ
（マリアちゃん・11歳）

娘がほかの子をいじめるなんて、なにかのまちがい。手を出したというのであれば、それは「やり返しただけ」。相手の子に問題があるはず。うちの子は悪くない！
（マリアちゃんママ）

保健室登校になった子が「マリアちゃんがいじわるするから学校に行けない」と養護教諭に打ち明けたことがきっかけで、いじめの調査が行われた。その結果、確かに娘とクラスの複数の女子たちがその子の靴を捨てたり、執拗にからかったり、LINEで既読無視をしていることが判明。マリアは「その子がイラつかせるから」「私だけ怒られるのはずるい」と言い、自分も不登校になると宣言。親として担任に抗議した（マリアちゃんママ談）。

みなさんは「いじめ」問題を、いじめる子が悪い、と考えますか？　それともいじめられる子にも一因はある、と考えますか？

いじめの取材をしていると、実に多くの人が「いじめるほうが悪いのはまちがいないけれど、いじめられる側にも原因はあるのでは？」ととらえていることを痛感します。

先日、取材したケースもそうでした。名門私立小学校の4年生のAちゃんの保護者が〝同じクラスのBちゃんが、ほかの子どもたちを誘って自分の娘をからかったり無視するなどしていじめている。担任としてなんとかしてほしい〟と担任に苦情を申し立てました。

保護者によれば、Bちゃんは Aちゃんに向かって「ヘンな顔」「へんな髪型」と言っては、ほかの子どもたちといっしょにクスクス笑ったり、上履きやノートを隠したり、登下校時にみんなで囲んでいじわるなことを言ったりしていました。完全に無視していたと思ったら、わざとぶつかって転ばしてから「あ、いたんだ。

見えないから、わからなかった」などと言って、あざ笑ったりすることもあったそうです。

担任は女子児童たちの雰囲気が悪いことに気がついていましたが、「Aちゃんも Aちゃんの保護者もちょっと変わっているから、みんながイラついてしまうのも仕方がない面もあるのではないか」と考えていたと言います。

とはいえ、一応、担任がBちゃんに事情をたずねたところ、Bちゃんは「Aちゃんはウザい」「Aちゃんがムカつくことばかりするから悪い」「同じ班で作業をするとき、いつもみんなの足を引っ張る」「みんなだってやっているのに、私だけ怒られるのはずるい」「Aちゃんのママも変わっているって、ウチのママもみんなのママも言っている。だから、悪いのはAちゃん」などと言いはりました。

翌日、今度はBちゃんの母親が〝担任から娘がいじめ加害者の濡れ衣を着せられた。娘は心が傷ついたから、もう学校には行きたくないと言っている。担任とAの母親は責任を取れ〟と学校にどなりこんだのでした。

ブスな子がカワイ子ぶるのは許されない。見ていてムカつく

保護者からの依頼を受けて、母親立会いのもと、Bちゃんに話を聞きました。

――Aちゃんとケンカしたの?

B「あの子がいつもヘラヘラして、私たちのことをバカにしているんです。自分のこと、かわいいと思ってるっていうか、それで私たちをバカにしてるっていうか」

――Aちゃん、バカにするの? でも、Aちゃんが自分のことをかわいいと思おうがみんなには関係なくない?

B「そんなことないです。超ムカつくからみんなで放っておいたら、無視しているって言われるようになりました。もともと、全部あの子のせいなのに迷惑です」

――無視はしたの?

B「そんなことないです。私たちにいやなことをしたから、いっしょに遊んだり

しなくなっただけです。自分だって全然、服なんか似合ってないのに、私たちに『それどこのブランド?』『○○ちゃんはピンク系は似合わない』なんて言ったり。自分のほうがブスじゃんって、みんな言うようになりました」

――ブスで似合っていない洋服を着るのはダメなの?

B「基本、ダメ。性格がよければ別かもしれないけれど、Aちゃんは私たちのこと、バカにするから絶対ダメ。ブスで性格が悪かったら地位は低い。生意気!」

(ここで、母親が娘の言葉をたしなめますが、本人は「私は悪くない!」と泣いて抗議し始めました)。

Ｂ「だいたい地位が低いくせに目立ったり、ニコニコしたり、服にケチつけたりウザすぎ。許されません。みんな、ルール守っているけど、あの子がルールを守らないから、みんなが注意するようになっただけで私だけじゃない。私は悪くないです」

涙をこぼしながら、Ａちゃんのほうが先に自分たちをバカにしたと責めるＢちゃん。ここで一旦、保護者には席を離れてもらい、Ｂちゃんと２人きりになって話を続けました。Ｂちゃん自身について聞いてみると、学習塾が大変だとか、英会話とバレエとピアノも習っているけれど、どれも好きではないとか、テストを返してもらうたびに母親に「そんな点しか取れない子はウチの子じゃない」「バカに産んだ覚えはない」と言われるとか……徐々にＢちゃんの抱えている重いなにかがしみだしてきました。

Ｂ「ママとか先生に絶対に言わない？」

――言わないけれど？

B「ママはね、私より弟のほうがかわいいんだよ」

——そう思うんだ……。

B「弟のことはいつもほめるもん。ときどきBはいらない子だって言うし。女の子はダメなんだって」

——ママにBちゃんが思っていること、言ってみたことあるの?

B「言うわけないじゃん。言ったらもっと怒られるもん。Aちゃんはブスで性格も悪いのに、Aちゃんのママは Aちゃんはかわいいって言うんだって。Aちゃんはいつもそう自慢するんだよね。おかしいよ、そんなの。それで、あの子、カワイ子ぶってるんだ。きらわれてもしょうがないよ」

なにひとつ問題を抱えていない子は他者に暴力はふるわない

Bちゃんの言動からもわかるように、暴力を働く子はいろいろ言い訳しますが、根底にはその子自身が抱えるストレスがあり、そのストレスがうまく処理できていないケースが少なくないと私は考えています。これがまさに34ページの個人のリスク要因にある〝生活上のストレス〟。実際、いじめの取材をしていて、つくづく痛感するのは「課題を抱えていない子は他者に暴力など振るわない」ということなのです。とすると、いじめない、いじめられない力を涵養するためには、この「ストレス処理」が大事なキーワードになってくることもわかります。

ストレスを処理するためには、まず、「自分の気持ちをコトバにできる力」や「自分自身がわかる力」が育っている必要があります。自己理解が深まっていなければ、なにがストレスの原因になっているのか知ることはむずかしく、原因かわからなければストレスを処理する方法を学んでも機械的に対応することになってしまい、なかなか効果を上げるのはむずかしくなってしまいます。

つまり、まずはこれまで説明してきたスキルを身につけること。そのうえで求められるのが「自分をコントロールする力」。ちなみにコントロールすべきはストレスだけではないということを鑑みれば、これは将来の自立と社会参加を踏まえたとき、すべての子どもが身につけるべき必須の力であると言えます。

TRAINING

どうやったら、自分をコントロールできるの？

step
1　気持ちを言葉にする訓練をして語彙を強化する

人間や動物など主語を決めて、その主語に続く動詞を選ぶ練習をします（「私」は「走る」「食べる」「悲しい」など）。語彙が増えたら、今度は文を作り、使えるように練習します。「気持ち」「行動」など述語にあたる部分を分類し、グループごとに語彙を増やしながら作文していくとよいでしょう。

step
2　身体症状の変化を言葉にする練習をする

「怒る」ってどういうこと？　「悲しい」ってどういう感じ？それぞれなにか体の様子は変わる？　などと子どもに聞き、「怒ると体が熱くなる」「心臓がどきどきしてくる」「汗が出てくる」など、子どもが自分自身の言葉で体の変化を言語化する訓練をします。こういった身体症状の変化を言葉でとらえることが自分の感情などの気づきにつながり、自己コントロールの第一歩になります。

step
3 心の中に「怒りの温度計」を作ろう

紙に怒りの温度計を書き（イラスト参照）、どれくらいの怒りで、体はどう変化したかを書かせます。怒りの度合いで「その場から離れる」「大声で歌を歌う」「10 数える」など、その子なりの対象方法を書き込み、子どもには「イライラしたら使ってみよう」と教えましょう。

応用編

自分の課題に気づくため、日々の行動・感情記録をつける

セルフコントロールしたいのはストレスだけではありません。たとえば、ストレスマネジメントを学校などで学び、「なにかイヤなことがあったら○○する」と決めていたとしても、もともと思いついたら後先考えずに行動するなど衝動性が強

かったり、いつもあれこれと複数のことを頭の中で考える傾向があると、自分が考えた対処方法を実践できません。

そこで、1から3までができるようになった子どもから社会人までオススメしたいのは、自分の行動や感情の記録をつけること。なんらかの失敗をしたとき、その前にどういう行動があったか、その行動を取った（取られた）ときの自分の感情はどうだったか、そのときの身体変化はどうだったか、そのときの自分自身はどういう環境だったか（眠かった、疲れていた、ほかのことでイライラしていたなど）などを時間をさかのぼりながら記録し、どういう場面でどうなりやすいかという自分自身の傾向を見つけられるといいでしょう。

発達障害があるかも、と思ったら

発達的な課題があれば、セルフコントロールする力は少しでも早い段階からトレーニングし、社会に出るまでには必ず身につけたいもの。ただ、本文でも記したとおり、自己理解のないところにセルフコントロール力は育ちませんし、たとえ学んだとしても効果的に実践するのはむずかしくなります。まずは、自分の気持ちや身体症状を言葉にできること、そして自分自身についてのバランスのいい理解を深めること。ここをていねいに指導します。そのうえで、なにが自分にとってのストレスかを言語化し、そのストレスにぶつかったとき、どうしたら少しでも自分自身が楽になるかも言語化させて、日々の生活場面で練習するようにしましょう。

case

4

達成感を得て、自分の可能性を信じる力

いじめの予防のためには、言葉を増やして自分のことを理解し、コントロールする力をつけることが必要でした。いじめが起こるリスクを考えれば、逆境に強い子にしたいもの。そのために併せて必要なのは自分自身の可能性を信じる力です。

みんな、頭悪いし、どんくさいからイラつく。首を絞めたり、ぶったりするけどからかってるだけ。先生も注意しないよ
（トウマくん・9歳）

息子はきびしくしつけている。いじめられる子にも問題があるはずだ。教師は発達障害では、というが失礼だ。訴える！
（トウマくんパパ）

息子は身体が大きく、言動も強く、少々、乱暴ではあるが、父親の私が目を光らせている。妻はなにも言わない。息子は私がこわいようだが家ではおとなしい。その分、学校で発散しているようだが、学校はそういう場でもあるはずだ。教師は息子の行動から発達障害を疑うが、失礼な話だ。基本的になにをしても放置しているくせに（トウマくんパパ談）。

文部科学省の平成24年度調査によれば、小・中・高・特別支援学校におけるいじめの認知件数は約19万８０００件。前年度が約７万件でしたので、約12万８０００件増加したそうです。この数字を見て、「結構多いかも……」と思われる方もいらっしゃるかもしれません。ですが、これはあくまでも学校側が認知していた件数であって、実際のいじめの件数ではないことに注意しなければならないでしょう。

最近、少しずつ変わってきていると思いますが、いじめが発覚すると、学校や教育委員会は「そのような報告は受けていなかった」「常に注意しているが、そんな様子は学校内では見られなかった」ととらえる傾向がまだまだ強いような気がします。

それを聞いて保護者たちは「学校は無責任だ」と激怒して教師を責めますが、取材をしていると、学校側が「本当に」いじめと認識していなかったケースも少なくないことがわかります。

学校側の言い分はこうです。「いじめられている子から被害の訴えがなかった」「ふざけているだけ・からかっているだけだと思っていた」……。そして、大人に言ったところで解決するどころか、かえっていじめは巧妙化・陰湿化すると知っている子どもたちは「知らないのは先生も親も同じ。ターゲットが変わるまで耐えるしかない」と内心、諦観しているのです。

いったいどうしてこういうことがくり返されるのか。なぜ原因が科学的に検証され、予防的指導に変わっていかないのか……。取材をするたびに同じ壁にぶつかります。

いじめが発生するにはいくつものリスク要因がある。それを一つでも減らす

まず、いじめに対する前提から変えていく必要があります。日本ではいじめのことを、従来は「いじめる子といじめられる子」という二者関係で、最近ではそこに「はやし立てる子」「傍観者／観衆」が加わって四者関係で捉える傾向があります。

教育現場でよく耳にする〝いじめを見て見ぬふりするのも加害行為〟というのはこの発想から生まれたものですが、実はこの役割からアプローチする指導には限界があるのではないかと私は考えています。

先日、取材した名門私立小学校に通う小学4年生のアサミちゃんの場合、いじめの道具はスマートフォンのLINEでした。もともとは別の女の子がターゲット。さしたる理由もないまま、クラスの中心的な子どもたちから無視されたりモノを隠されたりするようになります。

アサミちゃんは加担するのはよくないと思い、ずっとそばで見ていた（＝傍観者）のですが、ある日、思いあまって「もういいんじゃない？」と助け船をだしたのだそうです。すると翌日から、いじめのターゲットは彼女に変わりました。上履きが隠され、ノートや教科書が捨てられました。やがていじめはスマートフォンのＬＩＮＥに届く「死ね」「ブス」といったトークや既読無視が中心になります。ネット上に彼女の個人情報がアップされたりもしました。しかし、一番傷ついたのは、そういったいじめを率先してやったのが、アサミちゃんがかばった少女だったことでした。

「スマホなんか見なければいいんだけれど、悪口が書かれていると思ったらついつい見ちゃう。既読無視も辛い。それでもっと苦しくなる。でもそのうち収ま

って、ほかの人がターゲットになるんだよね」（アサミちゃん）

かように、いじめを「いじめる子」「いじめられる子」「はやし立てる子」「傍観者」と捉えるだけでは、予防どころか対策すら立てることはむずかしいことがわかります。

本書で紹介しているのは、いじめる子にとってもいじめられる子にとっても効果のある犯罪学などの保護要因なのですが、いじめについて考えるときは「いじめが発生する集団」についての視点を常に持っていることもだいじなのです。

いじめ研究の第一人者であるノルウェーのダン・オルウェーズ博士はいじめが発生するリスク要因には、①貧困　②家庭内暴力や子ども時代のトラウマ（性虐待なども含む）　③民族差別やそのほかの差別　④あいまいな、もしくは過剰なしつけ　⑤アルコールや薬物などの依存　⑥暴力メディアの影響　⑦学力不振　⑧神経学上の機能不全などがあることを指摘しています。

これらのどれか一つが原因でいじめが発生すると考えるのではなく、集団にこういったリスク要因があり、かつ個人のリスク要因なども重なったとき、いじめは発生すると考えます。そして一度発生してしまえば、リスク要因を減らし、保護要因を増やしていかない限り、被害者・加害者・消極的加害者・傍観者といった役割は簡単に入れ替わり、なかなかやめさせることは難しくなってしまうわけです。

結局、いじめに対抗する最大の方法は「個人・集団の保護要因を少しでも上げ、リスク要因を少しでも下げる」ことしかないと私は考えています。

語彙力があがり自己理解が高まり、自分をコントロールするスキルとともにつけさせたいのは、自分自身の可能性を信じる力（自己効力感）で、これも保護要因の一つです。これは言いかえれば、努力をすれば結果は変わると信じることができる力のこと。こういった力はいじめる子・いじめられる子だけでなくすべての子どもに必要な、逆境を生きていくうえで大事なスキルなのです。

TRAINING

努力したらできると自分を信じる力（自己効力感）をつけるには？

step
1 少しずつ子どもに決定権を持たせるようにしていこう

保護者としてはいいつもりで、子どもに「こっちがいいわよ」「これにしたら」と断定的に言いがちですが、実はこれはNG。自己決定のできない子どもは達成感を得られず、自己効力感は高まりません。小さいうちから徐々に子ども自身が決めていく訓練をしましょう。ただし、最初からなんでもかんでも決めろというのはむずかしいですし、不適切なモノを選ぶことも。コツは望ましいモノを事前に保護者が選び、就学前なら二者択一、小学校に上がれば三者択一など徐々に選択の幅を広げていくようにすること。段階を踏むのがポイントです。

step
2 家庭で役割を持たせたり、社会奉仕をさせたりする

たとえば、週に１回の朝ごはんは子どもが責任を持って作る。毎週末、近所の掃除をする。こういった役割活動や奉仕

活動もまただいじなこと。他者から「ありがとう」と感謝される場面を作ることは保護者として有効です。ただ、ここでだいじなことは「気が向いたときだけやる」ではダメだということ。決めたら徹底させることで本人の達成感もあがります。

step 3 学習達成は自己効力感を高める一つの方法

みんなができている勉強ができない……。これはリスク要因の一つです。かといって塾に通わせたり、ドリルをくり返しやらせたりすれば効果が上がるとは限りません。まずは自分で目標を立て、そこに向かって努力を重ね、成果が少しでも出ることを目指す。この達成感の積み重ねこそが自己効力感を上げると言われています。

TRAINING

応用編

**★将来を踏まえて目標を立て、記録し、
成果が目に見えるようにしてみよう**

小学校４年生くらいから、将来を意識した目標設定も考えてみるといいでしょう。どういう人生を歩みたいか、どんな仕事につきたいか、を考えさせます。次に、そのことをやるためにはなにが必要か、どんな力をつけたらいいか、考えさせて次の目標に設定します。たとえば､将来､医者になりたい。医者になるには体力が必要だ。じゃあ、体力をつけるために今日からなにをする？　という感じです。その目標設定に対して、日々の活動を記録していきます。

発達障害があるかも、と思ったら……

発達的な課題などがあれば、なおさら自己効力感は得られにくいケースが少なくありません。だからこそ、あれもこれもと欲張って目標を立てるのはNG。年齢に限らず、今の力よりも少しむずかしい課題を一つ選びます。たとえば、好きなテレビ番組が放映される日は早起きできるのに、ほかの日はできないのであれば、早起きできる日を週に１回から、それを１カ月で週に２回できるようにする、などです。達成するために多大な努力を要することがらだと、子どもの失敗経験が積み重なるので気をつけて。

また、できた日は部屋の壁に１円玉を一つ貼り付けて増やしていくなど成果が目に見えるようにするのも効果的です。

case

5

自分で決定する力

いじめのむずかしさは、自分が望まなくても加害者として巻きこまれてしまう場合が往々にしてあること。いじめる側にならないためにも、いじめられる側になったときに立ち上がれるようになるためにも、子どもには「自己決定力」が必要です。

リーダー的な子が、ある子を仲間はずれにし始めたの。イヤだったけどいっしょにやらないと私がいじめられる気がして。今、苦しいの（リンちゃん・8歳）

娘が元気がないので気になって学校に聞いたところ、いじめる側と注意された。家の様子とあまりにも違うので混乱している（リンちゃんママ）

私立小学校２年生の娘がふさぎこんでいる。
理由を言わないが、担任はクラスにいじめがあり、娘はいじめる側の中心人物の一人で、家庭に問題があるのが原因と言う。だが、夫婦仲もよく、私には思い当たることがない。いじめに対して学校側は静観しているだけだ（リンちゃんママ談）。

ケース4で紹介したアサミちゃんはクラスメートたちがある子をいじめているのを知り、加担するのはよくないと思って、ずっとそばで見ていました。ところが、あるとき思いあまって注意し、その直後から自分がいじめられるようになったと言います。

アサミちゃんは教育関係者が言う「傍観者」にあたりますが、取材をしていると、傍観者になれず、いやいやいじめに加担する子も少なくないことがわかります。

いじめたくないけれど、いじめないと自分がターゲットにされてしまう

先日取材した、アオイちゃんがそうでした。アオイちゃんは都内の有名私立小学校に通う3年生。明るく元気な、バレエと絵を描くのが大好きな女の子です。

そんなアオイちゃんがある朝から学校に行きたがらなくなります。当初はワガママだろうと思っていた母親も「お腹が痛いから休みたい」と言い続けることが

1週間以上も続き、ようやくなにかがおかしいと思い始めました。

ところが、アオイちゃんは「なんでもない、ただお腹が痛いだけ」というばかりで、原因がわかりません。

ファミリーレストランでパフェを食べながら、アオイちゃんは私にこう言いました。

「ママにも先生にも絶対に言わないなら話す」

——あれ？　アオイちゃんはなぜ、お腹が痛くなるかわかっているの。

「っていうか、学校に行きたくないの。だって、行くとみんなといっしょにキコちゃんをいじめないといけないから」

——ママはアオイちゃんがいじめられてるって言ってたわよ。

「だからママには言えないの。本当は違うの。いじめられているのはキコちゃんで私はみんなといっしょにやっているだけ。でも、もうイヤなの。最初からイヤだったけど、やらないと私がいじめられるもん」

——先生に相談した？

「言えないよ。バレたら死刑だよ」

——ボスがいるんだ。

「絶対言わないでね。ミユキちゃんなの。ミユキちゃんがキコちゃんを無視するって言ったらしないといけないの。そういうふうになってるの。イヤって言えないの」

最後は、いじめたくないのにいじめないと自分がやられるし、それもイヤだし、とアオイちゃんは大粒の涙をこぼしました。

「だから、学校に行きたくないの」

暴力を容認しない態度は反社会的な行為を取らないための保護要因

教育現場を取材していますと、よく「傍観者もいじめっ子」的なことが書かれた標語を目にします。前述した再生会議の緊急提言にもそうあります。しかし、アオイちゃんのように、嫌々加担し、加担している自分が許せなくなって、つらくなるケースもまた、少なくないように私は感じています。

ここでいくら「いじめはいけない」などと諭しても、さしたる効果は得られないでしょう。

なぜなら、子ども本人が「よくないことなど十分わかっているけれど、いっしょになっていじめなければ、自分自身が教室内で生き延びることができない」とわかっているからです。だから、いったん発生してしまったら、個別で対応しよ

うとしても、いじめの解決はとてもむずかしいと、くり返しているのです。

第1章で、いじめは集団に発生する戦略的暴力であり、発生するにはリスク要因がいくつも重なることをお話ししました。しかし、反社会的な行為を研究する学問はリスク要因だけで事象のすべてをとらえようとしているわけではありません。リスク要因がいくつもあるからといって即反社会的な行為を取るわけではないのです。

ポイントになるのは保護要因です。どれだけリスク要因がそろっていても、保護要因も同様に多数あれば反社会的な行為は取らないと専門家たちは指摘しています。本書で紹介しているのは、そういった専門家たちが提案している保護要因です。

本人の保護要因の中には、たとえば逸脱を容認しない態度が備わっている、肯定的な社会観を持っているなどがあります。

ここで、注目したいのが、暴力的行動を含む逸脱行為を認めない態度という保護要因です。この態度は、伝統的な価値観やルールを重視し、さらにルールを犯す行為を許さない態度にもつながり、だいじな保護要因の一つと考えられていま す。暴力を否定する気持ちの強い子どもは、暴力に結びつきかねない活動に関わったり、非行的、暴力的な友人と付き合う可能性が少ないこともわかっています。

しかし、どれだけ「暴力を容認しない態度」を小さいころから教えても、現実的にはそれだけでは乗り切れない場面が往々にしてあるでしょう。そういったときに求められるのが「自分で決定する力（自己決定力）」なのです。これは、やりたくないことはやらないなど、いじめに巻き込まれそうになる自分を防いだり、暴力を振るわれそうになったときにきっぱりと拒否したりするときの土台となる力です。

自己決定する力がついていなければ、その場を回避する方法をいくら教えても、なかなか実行には移せません。

TRAINING

自分で決定する力をつけるにはどうすればいい？

step

1 自己理解を強化しよう

前述しましたが、自己決定の土台にあるのは自己理解です。自分がいま、どうしたいのか、なにを考えているのか、どんな気持ちでいるのかがわからなければ、決定もなにもできません。日々の生活や身体の変化、感情の変化などを、日記や作文に書くなどして言語化する訓練をしましょう。

step

2 ささいなことでも自分で決める場を与える

今日着る服、食べるモノなど日常の場面において、就学前から自分で決めることが大事です。このとき子どもの欲求と必要なことを混乱しないようにしましょう。子どもがやりたいことをやりたいときに自由に決めて、好き勝手にやるのは自己決定ではありません。これはしつけではなく、ワガママの強化。かえって悪化します。

step
3　ひとりで考える時間を十分与える

自分で物事を決定するためには、自分であれこれ考え、その考えたことを深めていき、それについて検討したり分析したりすることが重要です。保護者としては、できるだけ子どもに失敗経験をさせたくないという思いから、望ましい方向に導こうとしがちです。でも、それでは、自分で決定する力は育ちません。時には失敗経験も必要。なぜ、失敗したのか、どうすればよかったのか……。そういった思考のトレーニングもまた、自己決定する力を養います。見守ることも大事な保護者の役目です。

応用編

★社会のルールやマナー、倫理観を育てて、適切な知識を強化する

年齢が上がるとともに、より高度なことを決定していく場面が増えます。その日のために、社会のルールやマナー、倫

理なども学ぶ必要があります。また、適切な知識や正しい情報が、自己決定することがらを下支えしていきます。つまり、自分で物事を決定していくためには、判断する力をも同時に養っていくことがとても重要になるのです。

発達障害があるかも、と思ったら……

発達的な課題があれば、生得的な特性から失敗経験を多く重ね、自己効力感も得られにくいので、なにかを決定する力もなかなか育ちにくいかもしれません。

こういう場合、注意力散漫であるとか多動性が強いとかお友だち関係が苦手だとか、読み書きや記憶するのが苦手などといった発達的な特性を踏まえながら、まずはできるところに焦点を当てながら、その強みを生かしつつ、なにかを決定していくという場面を設定してみてください。

たとえば、ADHDがあって忘れ物が多くて衝動性や多動性も強いけれど、友だちはたくさんいて運動など体を動かすのは得意で、ペットもかわいがる、とします。この場合、体を動かすのが得意、ペットもかわいがるという点に着目し、ペットの食事や散歩を担当させてみる。忘れ物が多かったり注意力散漫だったりすると、食事をやり忘れたり、散歩に行き忘れたりしがちです。そこで散歩係という役割を果たしながら、日々の目標を「ペットのケア」などにし、いつどういう場面でどう対応したかなどを細かく記録させます。最初は保護者の注意喚起が必要でしょうが、1年後、2年後には自分で自分の行動に注目し、次なる行動を決定できるよう、スモールステップで指導するといいでしょう。

case

6

自分の将来に期待する力

使える語彙が増え、自分のことを理解する力や自分で決める力がついてきたとしても、いじめに巻き込まれているときに、その状態から脱出するのはたやすいことではありません。そういうとき、背中を押してくれるのは「自分の将来に期待する力」です。

男子が私のお弁当がヘンって笑うの。なぜ私だけ笑われるのかわからない。学校に行きたくないけどママが心配するから行ってるの
（マユちゃん・7歳）
娘はなにも言わないけれど、学校で靴やカバンを隠されたり、ノートに落書きされたりしている。でも、担任は知らんふり。転校させるべき？
（マユちゃんママ）

大学まである私立小学１年生の娘が同級生にいじわるされていることが発覚。夫婦で学校側にクレームを入れたが「子どものやることだから」「いじめられる側に問題がある」と言って対応はなく、私たち親のことも問題親扱い。
転校させるべきかどうか悩んでいる（マユちゃんママ談）。

幼稚園児や小学校の低学年の子どもたちを取材していて、最近特に気になるのは「いやなことをされているということはわかっているのに、そのことを周囲の大人に一切訴えない」子が少なくない点です。もちろん、いつの時代も親や大人に気を遣うとか、言いたいことを言わない（言えない）子どもはいますが、そういう子が増えているのではないか、しかも低年齢化もしているのではないかという実感が私にはあります。

都内の有名私立小学1年生のアツコちゃんもそんな女の子でした。入学直後、掃除当番の子に「ゴミをほかしといて（捨てておいて）」と言ったことからクラスのリーダー的な女の子に「なまっている」と笑われ、すぐに「イナカ（田舎）」というあだ名がついてしまいました。

両親は関西出身で、アツコちゃんが3歳のときに都内に転勤に。お受験するつもりでいたため、アツコちゃんが生まれたときから両親はできるだけ標準語で話すようにしていたのですが、それでもときどき関西弁が出ていました。「ほかす」

もその一つでした。

最初、アツコちゃんはなぜ「なまっている」と言われるのかわかりませんでした。家庭では「ほかす」という言葉をごく当たり前に使っていましたし、「ママはオシャレできれいだし、パパはカッコイイ。だから私はイナカモノなんかじゃないもん」（アツコちゃん）と考えていたからです。

しかし、学校ではことあるごとに「イナカ」とからかわれます。気にしないようにしようと思っても、毎日言われ続けて、苦しい気持ちが強くなっていきました。

「でも、ママには言わないの。だから、絶対ママに言わないでね」

アツコちゃんはうつむきながら訴えました。なぜママに言わないの？　私は聞きました。

「いじめられるのは弱い子だって、いつも言われてるから。ママに言ったら絶対、やりかえせって言われるけど、私、やり返せないもん。そんなの絶対、無理。イヤなこと、もっとやられちゃうよ」

小学1年生のおよそ5人に1人は自分のことがきらい

東京都教育委員会が平成20年度に都内の公立小・中学校、都立高等学校生に対して行った「自尊感情や自己肯定感」調査というものがあります。

この調査によると、「自分のことが好きだ」という問いに対して、否定的に答えた小学1年生は16%、2年生も16%、3年生は24%、4年生は28%、5年生は36%、6年生は41%、中学1年生は57%、2年生は61%、3年生は52%でした。

また、「私にはよいところがある」という問いに対して、否定的に答えた小学1年生は10%、2年生は13%、3年生は17%、4年生は20%、5年生は25%、6年生は30%、中学1年生は38%、2年生は43%、3年生は31%です。

こういう調査もあります。

内閣府が平成12年に9歳と14歳の子どもたちを調査しているのですが、それによると「自分に自信がある」という問いに対して、否定的に答えている小学生男子は29・8％、女子は49・3％。これが平成19年の調査になると、小学生男子は47・3％、女子は57・6％と一気に増えているのです。

これらの調査結果はいずれも看過できません。

人生の早い段階で自分のことが好きでなかったり、自分にはいいところがないとか自分に自信がないと思ったりする子どもには、努力すれば結果は変わると信じる力は容易には育ちません。そういった力が育たなければ、目の前のつらい状況を変えようという勇気も湧いてこないでしょう。

モデルになるような大人の存在が子どもに自分の将来像をイメージさせる

しかしながら、アメリカのレスリー大学教授で心理学者のW・ミッチェル博士は「自尊感情をあげればいいというわけではない」と強調します。

同教授は「望ましい行動をとれば自尊感情が向上するとか自尊感情が向上すれば望ましい行動（法を遵守する、成績が上がる、他人を尊重する、感情をコントロールするなど）を取るようになるという仮説には根拠がないことや、犯罪者の中には自尊感情が高い人がいることが、それぞれ証明されている」と指摘。それよりも、達成感を積み上げ、自己効力感を持てるように指導することのほうが効果が高いと強調します。

確かに、これらはいずれも反社会的な行為を取らないための保護要因で、子どもに身につけさせたい力だと本書でも紹介してきました。

これらの調査研究結果を踏まえると、達成感や自己効力感を身につけさせたうえで、次に大事になってくるのは、「あんな大人になりたい」というロールモデル、つまり憧れの大人が存在すること。尊敬でき、モデルになるような大人がいることは、子どもたちが逸脱しないための保護要因でもあります。

そういったロールモデルを得ることで、子どもたちには自然と「自分の将来に期待する力」が備わってきます。自分の将来に期待する力がなければ、イヤな状況を変えようと動く勇気は生まれませんし、将来のビジョンを描くこともむずかしくなります。

TRAINING

将来に期待する力をつけるためは？

step
1 偉人伝を読む

『キューリー夫人』『野口英世』などといった偉人伝を読むことは、ロールモデル獲得に効果的。そもそも読書は語彙力向上の土台を作りますが、このときにそういった社会貢献した人の話を読むことで尊敬できる大人のイメージを持てるようになります。

step
2 家庭内で役割を持たせる

掃除担当、料理担当など家庭の中で役割を持たせることも大事。子どもに期待することは保護要因の一つだからです。このとき与える役割が、その子の特性に合っていたり、将来の自立につながるようなものだとなおよし。役割を与え、感謝されることが達成感の積み重ねになり、自分自身に期待する力の土台を作ります。

step

3 ロールモデルになりそうな大人を探す

親がロールモデルになるのは現実的にはむずかしいので、社会ルールを守り、子どもに一貫した態度で公平公正に対応できる、その子を評価する立場にない大人を探しましょう。親せきの人でも近所のおじさんでもOK。

応用編

1～3ができるようになったら、将来、自分はどうしたいのか、なんの仕事をして、どこでどう生きていきたいのか、漠然としていてもいいのでイメージを書きだしてみて、そこから考える練習もしましょう。

将来の夢が「外国に住みたい」だとするなら、そのためには5年後、10年後、どういうふうになっていることが必要か、5年後、10年後そうなっているためにはどういう力をつけていく必要あるのか考えさせます。その力をつけることをターゲットにすることも、将来への動機づけにもなり、将来に期待する力もついていきます。

TRAINING

発達障害があるかも、と思ったら……

発達的な課題があると、失敗経験を積み重ねることが多く、なかなか自己効力感も得られないため、「将来に期待なんてムリ」と思う子が少なくありません。そういうときに「大丈夫、○○ちゃんはそのままでいいの、みんな違ってみんないいんだよ」と大人は言いがちですが、この言葉は時によってもろ刃の剣になることに注意してください。

というのも、LD や ADHD の子どもたちのなかには、「今のままの、できない自分はいやだ」と思っている子もたくさんいるからです。本人がそう心の中で思っているときに「大丈夫」と声を掛けられると、その言葉によって安心感を得られる子もいますが、「ああ、やっぱり自分がダメだから、親（や先生）は気を遣って、そんなふうに言ってくれるんだ」ととらえ、かえって負の思いが強化される子もいるのです。

子どもたちが望んでいるのは、昨日よりも今日、今日よりも明日、少しでもじっとできるようになる、少しでも字が読めるようになる、少しでも友だちと関われるなど、なにかが前向きに変わること。その思いを理解しながら、個々の子どものニーズを発達的な視点からとらえ、分析し、優先順位を思い描いてみてください。そのうえで、本人の思いを聞きながら「なにから始めるか」を決めるといいでしょう。ただし、最近は自尊感情が高すぎて問題を起こす子も増えていますので、要注意です。

case

7

問題に気づいて解決しようとする力

語彙力がつき、自己理解力も向上し、達成感や自己効力感が得られて自分の将来に期待できるようになる。

とはいっても、人生なかなか思い通りにはいきません。理想と現実に差があったり、思わぬ邪魔が入ったり。

そんなとき「問題に気づいて解決しようとする力」が助けになります。

今日もまた、いじめられた。3歳から1年生1学期まで東南アジアに住んでいたから？みんなぼくのことを「クサいガイジン」って笑う
（タロウくん・8歳）
帰国してインターナショナルスクールに入れたがいじめられ、公立に転校させた。でもまたいじめだ。なぜ学校はいつも無策なんだ（怒）
（タロウくんパパ）

インターナショナルスクールでは白人系のグループにいじめられた。それで公立に転校させたが、またいじめに遭う。担任は「様子を見ます」の一点張りでなにもせず。再度、抗議すると明らかにモンスターペアレント扱い。いじめられる側は転校するしかないのか？（タロウくんパパ談）

母親がフィリピン籍で父親が日本人の小学6年生の上村明子さんが群馬県桐生市の自宅で自殺したのは２０１０年10月23日のことでした。２日後の記者会見で校長は、「明子さんがきたない言葉を受けたかどうかは十分に把握していない」と説明。ところが、11月8日の記者会見では「明子さんは〝ウエゴリ〟と呼ばれていたようだ」と認めたうえで、あらためて「いじめの問題と自殺の直接的な原因はわからない」と発言しました。報道によると、明子さんは母親のことから「ゴリラ顔」と呼ばれていたとのこと。父親は何度も学校側にいじめのことで相談に行くのですが、具体的な対応がないまま起こった悲しい事件でした。

いじめの取材をしていると、保護者から「学校側がなにもしてくれないから転校したいが、どこかいい学校はないか?」とよく相談されます。その都度、私は返答にとても困るのです。というのも、これまでくり返し説明しているように、〝いじめは集団に発生する暴力であり反社会的な行為〟のため戦略的に集団を指導しなければ、「今、いい教育環境でも1年後もいいとは限らない」からです。

いじめの認識や実態把握は学校間格差が大きい

また、くり返しますが、取材をしていて痛感するのは、わが国のいじめは「今日のいじめっ子が明日のいじめられっ子になる」「リアル社会のいじめられっ子がネット社会のいじめっ子になる」という、役割転換が頻繁に起こるということ。従来は「いじめっ子・消極的いじめっ子・いじめられっ子・傍観者」と役割が固定していたのでしょうが、ネット時代の今、必ずしもそうとは言えなくなっています。ですから「いじめが起こってからなんとかしようとするのでは、実態が把握できず、ニーズも見えず、対応が後手に回りやすい」と、くり返しているのです。

ところが、ほとんどの学校はいじめに対してエビデンスベース（科学的根拠のある）の効果的な予防プログラムを導入していません。取り組んでいるという学校でも、いじめる子・いじめられる子と役割を変えながらロールプレイをする、対人関係能力向上の授業を行うなど子ども対象の指導が中心。ましていじめ予防のためのリスクコントロールを行うという自覚を持って学校・学級を経営している教育現場は本当に少ないです。

少し古いのですが、文部科学省の調査にこういうものがあります。2009年度1年間にいじめがあると認知した学校の76・1%が子どもにアンケート調査を行っていたのに対し、認知していない学校で行っていたのは60・2%に過ぎなかったのです。

個別相談についても、いじめがあると認知している学校では88・6%が行っているのに対し、認知していない学校は73・6%しか行っていませんでした。2014年現在ではもう少し、変わってきていると思いますが、これくらいいじめの実態把握には学校間格差があるのです。しかも、いずれのデータも100%ではないのですから、認知している学校ですら、すべての子どもの声を拾っているわけではありません。

いじめ解決の最善策は転校することではない

一方、こんなこともあります。

私立から公立に転校した子どものことを「私立崩れ」とラベリングする教師が

中にはいます。また、公立から公立に近隣市内などで転校した場合、塾やおけいごとなどを通して「あの子、いじめられていたんだよ」とうわさが広がり、新しい環境で新たないじめが起こることも。私立学校ではいじめを隠してしまうことがよくあります。さらに、いじめのせいで転校した場合、「前の学校から自分は逃げてしまった」と考え、自分自身を責める子どもも中にはいます。そのことも大人はもっと認識する必要があるでしょう。

つまり、明子さんのように緊急性の高いケースは別ですが、転校したからといって必ずしも問題が解決するとは限らない。それがいじめのむずかしさでもあるのです。

そこで次に紹介したいのは「問題に気づいて、解決しようとする力」を身につけること。語彙力が増え、自己理解力も高まり、セルフ・コントロール力などもついてきたならば、いじめに遭ったとき、どういう方法なら少しでもストレスを減らせるか、問題のありかを探り、自分にできることを考え、検討する。そんな力です。

　ちなみに冒頭の上村さんの事件ですが……。2014年3月14日、前橋地裁は「学校でのいじめが原因」として、遺族が損害賠償を求めていた裁判で、市と県に対し、併せて450万円の支払いを命じました。同地裁は「いじめで感じていた絶望感を救う安全配慮義務を怠った」としたわけです。一方、「自殺は突発的なもので学校も予見はできなかった」とし、遺族側の「学校は自殺を防ぐことができた」とする主張は退けました。これを受けて、5日後の19日、桐生市は前橋地裁の判決を不服として控訴することを決定しました。

TRAINING

問題に気づいて解決する力をつけるには？

step
1 日頃から「なぜ？」「どうしたらいいのか？」「なにができるか？」を考える

　買い物ひとつとっても「問題解決能力」をきたえることができます。たとえば時間や費用の効率化をどうしたらいいか考えるといいでしょう。短時間で料理と掃除をしなければいけないとき、どういう順番でやれば費用対効果がいいか考える、などもオススメです。

step
2 考えたら、それを具体的な言葉に置き換えてみる

　まずは頭の中で考えることが最も重要です。それができるようになったら、今度は考えたことがらを具体的な言葉に置き換え、書きだします。これもとても重要です。なぜなら頭の中で考えたときは「できた！」と思っても、いざ書いてみると、うまく言葉にならず矛盾に気がついたりすることもあるからです。

step

3 問題を分析する力を育てる

なぜいじわるされる（する）のか？　どういうときにされる（する）のか？　相手の子はどういう気持ちで自分にいじわるするのか（いじわるをされた相手の子はどういう気持ちになるのか）？　どうしたらイヤな思いをしなくてすむか（どうしたら人にイヤな思いをさせなくてすむか）？　自分のストレスはどう解消するか？　などの疑問や思考を、時系列で考えるならフローチャートを、アットランダムに考えるならマインドマップ的なものを使って書き出していくといいでしょう。こういった作業が発想する力そのものもきたえてくれます。

応用編

深く吟味する力を養う

問題解決能力というのは、実は、保護要因のなかでも影響

度が強い（ほかの要因よりも効果に対する影響力が大きい）ことがわかっていて、だからこそ、すべての子どもが将来、社会を生き抜いていくときに必要な力だと犯罪学などは考えるのです。そのことを踏まえると、就学前から124ページの1、2をおろそかにしないことが大前提です。

その上で、慣れてきたら、考えたことを「本当にそうかな？」「根拠はどこにあるのかな」と考える習慣をつけるようにしてみましょう。一つ考えたら、今度は別の角度から考えてみる、人に意見を聞いてみる、人に聞いた意見をまた検証し、分析するなどということを行い、深く吟味する力も育てていきたいものです。

発達障害があるかも、と思ったら……

前述したとおり、問題解決能力はすべての子どもにとって大事な力です。だからこそ、発達障害があったり、そうかもしれないと思われる子どもには、なおさら社会に出るまでに身につけさせたい力です。

ただ、発達的な課題があって情報処理や認知などに偏りなどがあると、相手の言動を誤って理解したり、学習したりして、そこからなんらかの問題解決策を探そうとしてしまうケースも少なくありません。入口からまちがえてしまうと、当然、出口もまちがえてしまいますし、そこで修正をしないとまちがえたまま、理解が固定化して、さらなる悪循環を生みます。まずは大人が発達的な視点に立ち、子どもがそもそも「なにを」問題としてとらえているのか、事実から分析し、検討してみてください。

case

8

人の話を聴く力

いじめないために必要な力、いじめられても乗り越えるために必要な力をつけ実践していくときに求められるのはコミュニケーションする力です。これはいじめに限らず、社会を生き抜くためには必須の力といえましょう。

コミュニケーションする力において、なによりも大事なのは人の話を聴くことができるかどうかです。

前の私立の学校ではなぜか、ひどくいじわるされた。転校したけど、新しい学校もこわい。だって、またいじわるされるかもしれないから
（ミユちゃん・8歳）
前の学校はいじめを解決する気がなく、最悪だったから、即転校させた。新しい学校に期待しているが……
（ミユちゃんママ）

公立学校は先生によっていい・悪いの差がありすぎるのが欠点。新しい学校の校長は指導力があり評判もいい。
でも、その人がいなくなったら？　いつまでたってもこうだから、うちの子のように優しい子ばかりが傷つく。こんなの、教育の怠慢では？（ミユちゃんママ談）

いじめがきっかけと思われる子どもたちの自殺は２００６年の秋に続き、このときは国をあげての大問題になりました。

ところが、２０１０年には２００６年のときよりも多くの子どもたちが命を絶っているのに、国民もメディアも当時ほど声をあげませんでした。いじめが発覚した現場でも、どこか沈黙を貫こうとする状況が伺えました。そしてこの状況は、２０１１年、滋賀県大津市で中学2年生の男子が、いじめを苦に自宅で自殺する事件が起こり、学校と教育委員会の事件後の対応や隠蔽体質が浮き彫りになるまで変わりませんでした。

ご存知のように、この事件がきっかけとなって第二次安倍晋三内閣も文部科学省も国会もはっきりといじめ問題に切り込むようになり、ようやく、２０１２年、いじめ防止対策推進法が国会で可決されたのです。

もっとも、法律ができたからといって、いじめが激減するわけではありません。

名門私立小学校3年の長女の異変に、母親のリエコさんが気づいたのは運動会の直前のこと。あれだけ楽しみにしていたのに「ママもパパもおばあちゃまもおじいちゃまも来なくていい」と言いだしたとき、胸の奥が異様なほどざわついたと言います。

「そもそもお受験したい、と言いだしたのは娘のチカなんです。それで4歳からお受験塾に通い、今の学校に入学できました。でも2年生のころから、一部の女の子たちからいやがらせされるようになってしまって……。最初は、下校時に集団でからかわれるところから始まったのですが、今では先生が見ていないとクラスの女子全員が無視するそうです」

チカさんによれば、きっかけは〝親の職業話〟だったそう。

「この学校は親の職業で子どもたち同士の序列が決まるそうなんです。一番えらいのは、親がカメラマンとかデザイナー、クリエイター、アーティストなどカタカナ職業をしている子。その次が医師や弁護士など〝シ〟のつく仕事をしている親の子、その次に会社経営や大学教授が、そして国家公務員や一流企業などが続き、それ以外は〝論外〟なのだとか。

この話をしているときに娘は〝親の仕事は関係ないよ。○○ちゃんは○○ちゃんだもん〟とある子をかばい、みんなに〝いい子ぶっている〟と言われたのが最初のようです」

親の職業話をしはじめた女子は、クラスの中でもリーダー的な存在だったそうです。その子が「チカちゃん、自分ちがお医者さまだからってエラそう」と言いだし、前述のいじめがはじまったのでした。

リエコさんはすぐさま学校に相談に行きますが、学校側は「いじめはよくないけれど、本当にそれはいじめと言えるのか。実際問題として、チカさんはほかの子どもたちの雰囲気を乱しがちで、ＫＹと言われてもしょうがない面がある。だから、課題はむしろご家庭のしつけや育て方にあるのではないか。それに、いじめを乗り越えるのもだいじな力。ここは家庭ががんばるところ」と言い、暗に転校することもほのめかしました。

ところが、チカちゃんはこう言うのです。

「私が学校に行かなくなったら負けたみたいだからイヤ。でも、学校に行くとひとりぼっち。お腹がキューって痛くなる」

私立は公立以上にいじめ対策がまちまち。隠蔽や放置がないとは言えない

私立学校や国立学校のむずかしさは、いじめや不登校といった課題が発覚したときの対応が、学校次第だという点です。

早期介入し、積極的に集団指導につなげるところもありますが、チカちゃんの学校のように家庭の問題と言い切ったり、いじめを訴える子にカウンセラーをつけたりするだけのところも少なくありません。

そもそも試験で選抜された人たちで構成されているため、課題が表に出づらく、結果的に内々で処理されたり、いじめられた側が公立学校や、中には海外の学校に転校したりするといった形も少なくないのです。

かようにいじめ問題は公立学校だからひどい扱いを受け、私立学校だと大丈夫とはいえません。また、一朝一夕に解決するわけでもない。これまで紹介してきたような力をつけておくことは、いじめを乗り越えるうえでも、社会を生き抜くうえでも必須の力ですが、そういった力を総合的に使いこなすのに必要なのが「コミュニケーションスキル」です。コミュニケーションスキルとは「言いたいことを言う」とか「英語がしゃべれる」というような単純な力を指すわけではありません。

コミュニケーションには言語を使うものと使わないものがあり、これらが相互に補完しあって、協力や協調、問題を解決したり、交渉したり意思決定をしたりするなど多様な言語活動をするときの土台になります。

コミュニケーションスキルの第一歩は、実は「話す」ではなくて「聴く」こと。

聴くとは、ほかの人が言っていることに注意を傾けることと、その人が話す主題に関わり、フォローすることの2つがあります。聴くときの姿勢や視線はどうか、会話をさえぎったりしないか、話し手に対してうなずいたり声がけしたりしているか、内容についての質問したりしているかなどはすべて聴くときのスキルです。

黙っていても、なにかアクションを起こしても、いやがらせをされるとき、いじめる子たちに迎合したり言いなりになったりしないためには「聴く力」を養いたいもの。倫理やこちらの価値観に反することを言う相手の話を無視したり、真正面から反論したりせずに対応するには、どう聴けばいいのか。まずは「聴く」という意識から育てるといいでしょう。

TRAINING

人の話を聴く力はどう身につける？

step
1 注意を傾ける練習する

だれかが話しているときに、意識的に体をその人の方向に向けたり、視線を合わせたり、その場の雰囲気を壊したりしないようにする練習をしましょう。家庭では保護者がまず望ましい聴き方とはどういうものか、モデルを見せるところから始めるといいでしょう。

step
2 合いの手の入れ方を練習する

話の流れにそぐわないことを言うと、相手は話す気をなくしてしまいます。そうならないためにはどういう合いの手を、どういうふうに入れたらいいか。「そうなんだ」「すごいね」など話し手を勇気づける言葉をかけたり、納得がいかないときには一定の範囲内で質問するなどです。これも保護者がモデルを示すといいでしょう。

step
3 じっくり考える練習をする

相手が言ったことを別の言葉で言いかえます。相手の感じたことについて考えたり、イメージすることで、相手の人が伝えようとしていたことを考えます。相手の言うことを良い、悪いなど善悪で評価しないことがポイントです。

TRAINING

応用編

聴く力は、「ひたすら一生懸命聴く」だけで向上するわけではありません。たとえば、ワーキングメモリ（作業記憶）という、ある情報を少しの間、保持しながら、なんらかの作業を行う力はどうか、あるいは聞いたことを理解する情報処理の力はどうか、聴いたことの理解力を支える知識や情報はあるかなども大事な要素です。

ワーキングメモリを向上させるには、日頃から本を読む（前に書いてあったことを覚えていないと、本は読み進めることができない）、料理を作る（料理は複雑な手順を同時に処理しながら行う作業のため、なにをどこまでやったかなどを覚えていないとおいしく作れない）などといったことをやり続けることが大事です。ちなみに、ワーキングメモリが向上するということは、勉強も仕事も人間関係もすべてにおいて土台が構築されることに直結します。

発達障害があるかも、と思ったら

発達的な課題がある子どもたちは、前述したようなワーキングメモリや聴覚的情報処理などが苦手な場合が少なくありません。その結果、聴く力も苦手になりがちです。こういうとき、まずは語彙を増やし、使える語彙力を上げる、正しい知識や適切な情報を与えるなどと言ったことから始めるといいでしょう。と同時に、テレビなどを見ながら「今、なんて言ってた？」と瞬時に日本語の力を確認し、どのように聞き取っているか確認するようにしてください。

case

9

事実と意見を分けて伝える力

いじめない・いじめられないためには言語化、自己理解、セルフ・コントロール、自己決定、自分への期待などの力が屋台骨になります。

それらができてきたらコミュニケーション能力をつけましょう。

前項の「聴く力」とセットで身につけたいのが、「事実と意見を分けて伝える力」です。

同級生たちがクラスの男の子をいじめているのに、ぼくは全然、注意できない。先生にもなにも言えない。見ているのも、黙っているのも、ずるくてイヤなのに……（ハルトくん・9歳）

いじめを目撃しているのに、なにもできないと悩む息子が、学校に行きたがらなくなり心配。でも、私立なので、できれば穏便に処理したいんだけど……（ハルトくんママ）

息子の通う私立学校は小学校から大学まである有名人気校。でも、入学後、息子の話からわかったのは、大人のいないところでいじめが横行しているということ。なにもできない自分が許せないという息子は登校拒否気味だが、学校に行きたくない理由を学校には言わないでほしいとも。対応が遅れることで子どもたちが傷つくことを恐れるが、ことを荒立てて息子が不利になるのはもっと怖い。どうしたらいい？（ハルトくんママ談）

先日、取材に行った私立小学校で遭遇した場面です。

休み時間のこと。

あるクラスの前を通りかかったとき、外の様子を伺っていた女の子と目が合いました。するとその子は「マズイ！」という表情を浮かべて、部屋の中にかけこんだのです。

見ると、そこは小学校5年生のクラスでした。前方からのぞけば、なにやら女の子たちが教室の片隅にかたまって、ひそひそやっています。かけこんだ女の子の話を聞いたほかの子たちは、一人の女の子を取りかこみ、その子の手を引くようにして、後ろの出入り口から出て行ってしまいました。

残っていた男の子たちが、代わる代わる説明してくれたところによると……。

「あいつ（連れ出された子）、空気読めないから、みんなイラついているわけ。すぐ和を乱すっていうか、ジコチューって言うか。マジウザい。それで○○たちがおこっちゃって、ああやって休み時間によく説教してるんだよね」

和を乱すから説教?

なんだかよくわからないまま、聞き続けていると、

「でもさ、和を乱すのとか、ジコチューは直んないよ。性格だもん」

と続けました。そこで、〝直らないなら説教する意味がないのでは? なんで女子たちに言わないの?〟と聞いてみると、少年たちは悪びれるふうでもなく、こう言ったのです。

「え、なんで? だって、来なくなるかもしれないじゃん」

本当にその女の子が「和を乱して空気が読めない」のか。あるいは、ほかの女の子たちは「頭ごなしに責めているだけ」なのか。男の子たちの話をいくら聞いても、一番重要な細部については、一切確認できませんでした。

それでも、自分たちが異質に感じている子のことを、無意識のフリをしながら意識的に排除しようとしている悪意に、そしてそのことに罪悪感を持たず、相手が悪いからしているだけと自己正当化する考え方に、私は衝撃を受けました。

放課後、担任といっしょに連れ出されたほうの女の子に、こっそり話を聞きましたが、女の子は「なんで文句を言われるのか、ぜんぜんわからない」とポロポロ涙をこぼしました。聞けば、ほかの子どもたちからは「ウザい」「迷惑」「じゃま」などと言われ、なにも言い返さずに黙っていると、今度は小突かれたりするのだそう。

ところが、彼女の話を聞いているとき、説教をしていた方の女の子たちが5人、教室に飛びこんできて叫んだのです。

「私たちはいじめてなんかいない。○○がみんなの和を乱すから注意しただけじゃん、なんでそんなウソ、平気で言うの！　だから、みんなにきらわれるんだよ！」

その女の子もまた、涙を浮かべて猛烈に抗議をします。

いっしょにいた担任は「ケンカ両成敗」という〝原則〟に基づいて対処するしかなくなり、双方にあやまらせて、その場は終わりました。

でも、それで本当に問題は解決したのでしょうか。

数日後。

学校に来られなくなったのは、連れ出され、責められていた女の子ではなく、「注意してあげていただけ」と言っていた、グループの中心にいた女の子でした。

「あなたが説教しようなんて言い出したから、自分たちまで先生に怒られた」と、ほかの子たちから責められたことが、きっかけだったそうです。

その子を責めた女の子たちのなかに、連れ出されて責められていた女の子もいた、と担任は言葉少なに教えてくれました。

言いにくいことをわかりやすく伝える。それも大事な技術

このケースは、これまで本書で説明している「いじめにおける役割転換」の典型例といえるかもしれません。つまり、今日のいじめっ子が明日のいじめられっ子になる、というパターンです。

くり返しますが、昨今のいじめは昔のように「いじめる子」「はやし立てる子（消極的いじめっ子）」「傍観者」「いじめられる子」と役割が4層に固定しているとは限りません。また、リアル社会のいじめられっ子が、ネットのなかではいじめっ子になっていることもめずらしくありません。

だからこそ、「いじめを予防する」という視点で、最初から学級・学校を経営し、

その学校や担任を家庭もサポートし、子どもたちにも「いじめない・いじめられない力」をつけさせなければならないのです。

それほど、いったん発生してしまったいじめに対処するのは、むずかしいことだと私は考えています。

反社会的な行為を考える学問では「コミュニケーションするスキルがついていること」は大事な保護要因だと指摘しています。

ここでいうコミュニケーションスキルとは「自分の言いたいことを言う」「相手を論理的に吟味・批判して、こちらの主張を通す力」などではありません。社会の中で協働作業ができるような、対話的コミュニケーションのスキルを指しています。

コミュニケーションスキルには、言語を使うものと使わないものがあり、これが協力や協調、問題を解決したり、交渉したり、意思決定をしたりするなど多様な思考をする力の土台になるということは前述したとおりです。そしてこういう力は、親子の会話をくり返せば身につくような、単純なものではないのも説明したとおりです。

そのために、まず学びたいのが「聴く力」でした。その「聴く力」と同時に育てたいのは、「事実と意見を分けて語る力」です。

なんらかの刺激が入る（なにかを見たり聞いたり体験したりなど）。

その刺激に対して感情が動く（喜ぶ、おこる、悲しむなど）。

感情がわき起こった結果、次の言動に移る……。

通常、私たちはこういった一連の流れを言葉に置き換えて第三者に伝え、相手の理解を得て、意見をもらうなどしていきます。対話的なコミュニケーションとは、そうやって言葉のキャッチボールを続けながら進めていくものです。感情的になったり、意見をおしとおそうとしたりするとコミュニケーションは成立しません。

このとき必要なことは、話す内容が相手に「しっかり理解される」こと。事実と意見を分けて言えるというのは、この「相手の理解」を支え、双方が理性的・客観的に意見を比べて対話を進めていくときのだいじな力になります。

前述の女の子たちは「ウザい」「じゃま」といった表現をぶつけるのみで、あとは相手の子を小突くなどといった身体行動に出ていました。

もし彼女たちに「事実（言動の内容）の確認」（これで、前提の共通理解が得られる）と、「それに対しての意見を語る」（これで、お互いの見解を比べられ議論の土台が整う）ことができれば、問題を解決する道筋が見えたかもしれないと思うのです。

TRAINING

事実と意見を分けて言う力をつけるには？

step
1 新聞や雑誌を読んで「事実か意見か」を分類する練習をする

新聞や本など読んだときに、事実なら青、意見なら赤、などというように色を分けながら線を引いていきましょう。そうすることで「これは意見なのか」「それとも事実なのか」をいつも考える習慣が身につき、それらを見極める感覚が養われます。

step
2 テレビのニュースや報道番組、ワイドショーなどを聞きながら「事実か意見か」を分類する練習をする

読んで「事実か意見か」考えるコツがつかめたら、次にテレビのニュースや報道番組、ワイドショーを観ながら、「事実か意見か」分ける練習をしましょう。新聞などと違って、放送番組でのトレーニングは瞬発力を養うことにもなります。

step
3 事実と意見を分けて書く練習をする

1と2が慣れてきたら、毎日15分でいいので文章を書く練習をします。このとき、日常生活の中で起こった出来事を書きます。なにが起こったのか、それについて自分はどういう行動を取ったのか。またはなにを考えたのか。事実と意見を書き分ける練習です。

TRAINING

応用編

事実と意見を分けて話す練習をする。

１～３ができるようになったら、次は日常生活の場面で事実と意見を分けて話す練習です。学校であった出来事などを聞くときなどに、練習させてみてください。混乱したときには、その場で紙などに書いて、整理しながら会話する練習を。

発達障害があるかも、と思ったら

発達的な課題のなかでも、言語理解が苦手だとか、認知に偏りなどがあれば、事実と意見を分けて言う練習は特に大事です。本人が事実と捉えていることが、実は日本語力などの弱さから誤解して理解しているというようなことも。こういったトレーニングをくり返すことで事実と意見の違いが徐々にわかってきます。

ポイントは、「事実と意見」のうち、「事実」のほうをていねいに確認すること。たとえば「○○くんが蹴った」と本人が言ったり書いたりしたとき、その前後の状況も合わせて確認することが大事なのです。本人は「蹴られた」と受け止めていても、実際には「たまたま足があたっただけ」ということもよくあるからです。

発達障害があるかも、と思ったときは、この確認は怠らないようにしてください。ここを怠ると、かえって誤学習を強化してしまうという望ましくない結果につながることもあるからです。

case

10

相手の表情や態度を読み解く力

相手の表情や声、態度の向こうに、口にした言葉の真意というのは透けて見えるもの。

その透けて見えるものを読み解く力が備わっていないと、トラブルを引き起こしたり、〝空気が読めない〟とみなされてしまったりして、いじめの引き金になることもあるのです。

給食の準備のとき、後ろからぶつかられてスープをこぼしちゃった。その子に怒ったら、先生が私を怒った。どうしていつも私ばかり怒られるの！
（アイリちゃん・7歳）

ウチの娘は被害者なのに、なぜ教師は叱りとばすの！ 今回も娘は納得がいかないと泣いている。いつも叱られるのはウチの娘。教師に腹が立つ
（アイリちゃんママ）

娘は友だちとよくケンカになる。からかったり娘のモノを隠したりなどのきっかけを作るのはたいてい相手のほう。そういった言動に娘はガマンできなくなって怒るだけなのに、教師は娘のほうが誤解や曲解が多いと指導する。親としてどう考え、対応すればいいの？（アイリちゃんママ談）

先日、ある自治体の小・中学生相手にいじめ予防について、話をする機会がありました。

事前に、近隣の学校に通う子も含めて複数の子どもたちに「いじめについてどう考えているか」を取材したところ、「空気が読めないとか、場にそぐわない言動を取るといじめられてもしょうがない」「人より目立つといじめられてもしょうがない」「いじめられる子は、いじめてもいいよオーラが出ている」「いじめられたらガマンするだけ。ガマンしていたら、そのうちほかの人にターゲットが変わる」「いじめについて、大人はなにもしてくれない。言うだけムダ」「いじめに耐えられないなら学校には行かない。どうしてもだめなら、死ぬのもしょうがない。どうせいつかみんな死ぬ」などという答えが多数かえってきました。

もちろん実感は伴っていないかもしれないし、本気で言ったわけではないかもしれません。

ですが、これらの言葉は「教師や保護者には絶対に言わない」という約束をした後、数時間、話を聞いたときにようやくポロリと出てきたものでもあるのです。しかも、小学生から中学生まで、みな、練習してきたかのように同じようなことを口にする……。このことを踏まえれば、その地域の子どもたちに共通する「いじめの経験や考え方」の表れかもしれないと私は考えます。少なくとも、大人はこういった子どもたちの言葉を真摯に受け止める必要があるのではないかと思うのです。

そのときに聞いた、小学4年生の女の子と中学1年生の男子生徒が、ほぼ同じようなことを言い、しかもその言葉は多くの子どもたちの言い分をとても上手にまとめてもいたのでした。

「学校でも〝いじめについて考えよう〟という授業はある。クラスごとにいじめ予防の標語をつくって張り出したりもしている。でも、いじめている子が〝いじめはよくない〟なんて、フツウに答えているんだから、こういう授業にはあまり意味がないと思う。いじめはいいことだ、なんて思ってやっている人なんかいない。みんな悪いとわかっているけれど、やってしまって、やり出したら止まらないだけ」

中学生はさらにこう続けました。

「どうせいじめは順番。自分がいじめられなくなったら、ほかの人がいじめられるだけ。先生たちや親だって、ほかの大人のことを仲間はずれにしたり、悪口を言ったり、バカにしたりしている。それと同じで、人間ならしょうがないこと。よくだれかが自殺したら、あとからいじめられていたことがわかった、なんて言うけれど、それも大人の言い訳だといつも思う。だって、いじめられてるヤツは見ればわかるよ。子どもがみんな知っているのに、親や先生が知らないなんてありえない。言わなければわからないなんて、そんな理屈が通るのか」

小学生の女の子は、今一番つらいのは、スマートフォンでの「既読無視」だと言います。

「学校では仲良くしているのに、LINEでは既読無視をする。だから、こっちは必死でスマホでやり取りしているのに、親も先生もわかってくれなくて、スマホのし過ぎとかって言う。だけど、学校で無視されなくても、ＬＩＮＥで既読無視されたら終わりなんだよ。すぐにウザいって広まって、もっと既読無視される。こんなの先生たちは絶対にわかんない」

多かれ少なかれ、そんなふうに考える子どもに、大人がどれだけ「いじめはいけない」「みんな違って、みんないいんだから、相手を認めよう」など正論を唱えても、これらが実態を踏まえた実質的な言葉でないのであれば、子どもたちの

心に届き、血や肉となるのはむずかしいのではないかと私は考えています。

コミュニケーションにおいて表情や態度、声の大きさや抑揚、視線も大事な要素

このケースも、前章で紹介した私立小学校のケースもそうですが、子どもたちが必ずと言っていいほど、いじめの原因にあげることに「空気が読めない」「場の雰囲気を壊す言動を取る」というものがあります。こういった言葉を介さない情報のやりとりを、前章でも少し触れましたが、「非言語コミュニケーション」と言います。

非言語コミュニケーションには身振りや表情などのジェスチャー、顔色や態度、姿勢、視線、声のトーンやイントネーションなどを理解し、探ることがあげられます。

毎年、経団連が発表する調査によると、企業が学生を採用する際、最も重要視

するのがコミュニケーション能力ですが、非言語コミュニケーションのスキルはコミュニケーション能力の大事な要素のひとつでもあるのです。

アメリカの心理学者にアルバート・マレービアンという人がいます。この人が1971年に発表した調査によると、人と人とが直接、顔を合わせるコミュニケーションには言語、口調（聴覚的な情報）、ボディランゲージ（視覚的な情報）と3要素があり、なんらかの情報を伝えるときに、それぞれ占める割合が異なることがわかりました。

同氏によれば「感情や態度について矛盾したメッセージを送るとき、言葉が内容を伝達する割合は7％、声のトーンや口調が伝える割合は38％、ボディランゲージは55％」なんだそうです。これを「マレービアンの法則」と言います。

言葉では「大丈夫だから気にしないで」と言っていても、そう語る口調がきつかったり、表情が険しかったり、視線をはずしていたりすると、情報の受け手は「本気で〝大丈夫〟だとは思っていない」と理解します。なぜなら、全情報の93

％を占める非言語情報が「大丈夫ではない」というメッセージを送っていて、それを受け取るからです。

非言語情報の理解力が弱いと「空気が読めない」と思われてしまうことも

そもそも情報を受け取るときに、言語、口調、ボディランゲージの3要素が一致していれば問題はありません。しかし、現実的には3要素が一致することばかりではないし、むしろ言語と非言語の情報に差異があることも少なくないことはおわかりいただけるはずです。

なので、受け手の非言語情報を理解する力が弱いと、言語情報だけから「大丈夫と言っているのだから大丈夫」と理解し、行動してしまいます。すると情報の送り手は「あの人はこっちが態度でノーと言っているのに、全然わかっていない。空気が読めないヤツだ」と受け手のことをとらえます。

この情報の発信者と受け手側のズレが、あとで人間関係がこじれたり悪化したりする一因にもなっていくのです。

ところがコミュニケーション能力というと「言語を操って、いかにして言いたいことを伝えるか」という点に主眼が置かれがち。

最近、少しずつではありますが「聴くスキル」や「事実と意見を分けて話す力」に注目する学校も増えてきました。でも、それだけではやはり不十分と言わざるを得ません。非言語コミュニケーションの力をきたえなければ、効果的なコミュニケーションを実践していくことはむずかしいと言えます。

非言語コミュニケーションは、文化、地域、性差によって変わってきます。成長していく過程でなんとなく身につけるだけではなく、いじめない・いじめられないためには、積極的にこのスキルを向上させることがとても大切です。

TRAINING

表情や態度を読み解く力を身につけるには？

step
1　絵本の絵だけを見て、登場人物の気持ちを言語化してみよう

内容を知らない絵本の絵だけを見て、主人公がだれか、物語の内容はどうか、登場人物たちの気持ちはどうか、などを考え、言葉に置き換える練習です。それぞれ理由も言語化してみましょう。

step
2　テレビや映画を観ながら、登場人物の感情を読み解く練習をしよう

テレビなどを観ているときに、登場人物の表情や態度など非言語情報から気持ちを考え、言葉に置き換える練習をしましょう。

笑っているのに悲しい、怒っているのにうれしいなど、気持ちと態度が必ずしも一致しないことを学びながら、そういうときの気持ちはどうやって考えたらいいのか、どうすれば少しでもわかるのかを考える練習をします。

step
3　表情以外の非言語情報を読み解く練習もしよう

日常生活の場面で、表情以外の非言語情報（たとえば、前後の状況や事実、前後に見せた態度や言動など）から気持ち読み取る練習をしてみましょう。

応用編

LINEやフェイスブックなどについての注意

書かれた言語を書き言葉、話す言語を話し言葉というように、メールやLINEなどで使われる語句や語法のことを打ち言葉と言います。絵文字や顔文字、スタンプ、簡略化した表

現などを多用するのが特徴ですが、こういった記号などの意味や使い方は、個々の子どもが所属する集団によって、微妙にルールが異なることがあります。LINEでやりとりしているときに、こういう打ち言葉をまちがえてしまうことが既読無視などネット上のいじめになり、それがリアル社会でのいじめにつながることは少なくありません。

こういう事情を踏まえ、家庭でのスマートフォンやPCの利用ルールなどを決めておくことも大事です。

発達障害があるかも、と思ったら

アスペルガー症候群や広汎性発達障害など自閉症スペクトラムの人のなかには、非言語情報を読み解くのが苦手な人が少なくありません。本人は読めているつもりでも、誤った理解をしていることもよくあります。

発達障害があるかも、と思ったら、「非言語情報に読み誤りはないか」という可能性を踏まえることも大事です。誤解しているかもしれないと思ったら、テレビや映画などを観ながら「今、主人公はどういう気持ちだと思う？」「なぜそう思ったの？」など、状況から非言語情報の意味をすぐさま確認し、言葉に置き換えさせること。そのとき、非言語情報が出てくるまでの流れ（どういう言動があって、こうなったかなど）も考えさせて。こういった小まめな指導が、のちに非言語情報を読み解く力を育てる土台になります。

case

11

社会に貢献する力

これまで、犯罪を考える学問のエビデンスから、
いじめない・いじめられないために
子どもたちに身につけてほしい10のスキルをご紹介してきました。
ここでは11番目のスキル、社会に貢献する力について、
大人にできることはなにか、などを考えます。

空気が読めないヤツが先生に特別扱いされてムカつくから、教科書に落書きしてやった。でも、いじめてないもん（ケンゴくん・8歳）

担任は息子がクラスの中の弱い子をいじめていると言うが、それは平等に子どもを扱わない担任が悪い（ケンゴくんパパ）

授業中に立ち歩いたり、気に入らないことがあると、すぐに泣き叫ぶ同級生に対して、担任は「障害があるからわかってあげよう」と言って、一切注意をしない。その対応には息子は「不公平だ」と腹を立てて抗議してるだけなのに、担任は息子がいじめっ子だと言う。教師の学級経営に問題がある（ケンゴくんパパ談）。

２０１３年12月に障害者権利条約が国会を通り、批准されました。わが国も共生社会の実現を目指して教育の在り方を「インクルーシブな教育制度」に進むことが決まりました。

インクルーシブな教育制度というのは、個々の子どもの教育的ニーズに応じて多様な学びの場を設け、一人ひとりが最大限力を伸ばせるようにしようというもの。従来の、障害のある子は特別支援学級（学校）で、障害のない子は通常学級で、という障害のあるなしという二項対立的な分類ではなく、一人ひとりのニーズを見ていこうというものです。理念は大変素晴らしく、共生社会の実現やグローバル社会への参加のためには必須であり、学力向上にもいじめの予防にもつながると考えられますので、私は大賛成です。ただし、これを〝実質的に行う〟には諸条件が必要だというエビデンスがあります。

「障害のある子と障害のない子がいっしょに学べば、障害への理解が深まるし、障害のある子が地元の学校で学ぶ権利も保障される」というような話を聞いたことがあるかもしれませんが、そんな相互理解を得、個々の子どもたちの学力が伸びるためには、教師は①障害のある子どもが学び成長すると高い期待を寄せる②その子を受け入れる前に、自分自身がその子の指導ができるよう高度な知識とスキルを獲得する　③受け入れる子どもたちへ徹底指導などが必要です（Weiner, 2003）。こういった事前準備がないままのインクルーシブ教育は、受け入れる側の子どもにとっても不利益になることがわかっています。

そんなことは、ハードルが高すぎると思われるかもしれません。しかし、これらの条件が整ったとき、インクルーシブな教育制度は実を結び、共生社会の土台ができて、いじめのない、安心で安全な教育環境が整うのです。

ぼくたちも点字を覚えたい！　小学１年生たちの社会貢献

東日本大震災で被災地となった福島県南相馬市は、教育にとても熱心な土地で、ここ数年、私はくり返し訪れ、子どもたちや教育現場を何度も取材していました。同市の中村第二小学校は、そんなインクルーシブな教育制度を実践して子どもたちのスキルをきたえ、いじめの発生しにくい安心で安全な教育環境づくりにがんばっている学校でした。校長先生をはじめ、もともと先生方の意識は高かったのですが、実質的なインクルーシブ教育推進のきっかけになったのは全盲の少年が入学したことでした。

少年が入学したことによって、まず指導方法に変化が現れました。

小学1年生の授業には、どうしても絵やイラストを使うことが多いため、教師は授業中、「これを見ましょう」など指示語をよく使用します。ところが、全盲の少年には「これ」がなにかわかりません。

そのことに気づいた担任は、指示語の使用をやめ、少年がわかるように、なにが描かれてあるかを言葉でていねいに説明するようになりました。

そんな教師の言動を、子どもたちが真似をするようになります。そう、モデリングです。すると子どもたちに明確な変化が出てきました。語彙力がつき、状況や自分の気持ちを言葉で説明できる子どもが増えていったのです。

これは次なる効果を生みました。

ケンカになりそうな場面になると「今のは○○な理由で××したんだ」と互いに事実を言葉で説明するようになったのです。その結果、いじめのような陰湿なストレスのぶつけ合いが減っていきました。

これはさらにプラスの効果を生みました。子どもたちが「ぼくたちも点字を覚えたい」と言い出したのです。「点字を覚えたら、点字になっていない本を点字にすることができるようになる。そうしたら△△君が読める本も増える」。子どもたちが自ら考え出した、社会への貢献の一形態でした。

ところが同校には点字学習キットを、学年分購入するお金がありませんでした。1年生たちは学級会を開いて話し合い、「パンジーの苗を作って売り、そのお金で買おう」と決めました。保護者がお金を出すことは簡単でしたが、彼らの決断を見守り、成しとげられるよう期待しました（これも保護要因の一つ）。そしてこういった態度もまた、とても大切なことでした。

子どもに役割を与え、社会に参加する機会を作る

子どもたちが「点字を覚えたい」と言い出したとき、母親が「がんばってみたら」と言い、父親が「そんなことをしている時間があったら勉強しろ」などと言ったらどうでしょう？　あるいは、「パンジーの苗を売ったお金で点字学習キットを買おう」と言い出したとき、「そんなことを子どもたちにやらせるなんて、どんな教師だ！」と批判をしたらどうでしょうか。わざわざ指摘されなくても、どうなるかなど火を見るより明らか、と思いますか？

でも、現実の場面では、夫婦の子育て観が一致しない、教師を批判するといった行為は決して少なくありません。

これまで、いじめたりいじめられたりしないために、個人に身につけさせたい力について話してきましたが、保護者にできることもまた、たくさんあります。

たとえば、きびしすぎたり、あいまいだったり、一貫していないしつけはNG。反対に、保護者のスタンスがぶれないこと、家庭内のルールが一定していること、家庭内葛藤を少しでも減らすことはリスク要因を減らすことです。それから、子どもに家族の一員としての役割を与えて守らせることや、子どもが社会に参加する機会を作ることなども保護要因を増やすことになり、逸脱させないためには必要なことなのです。

大地震から5日たって、やっと教育委員会と連絡が取れました。

中村第二小学校も、すぐ足元まで津波が迫ったとのこと。その瞬間、子どもたちは互いを思いやり、手に手を取り合って、教室のある2階から3階まで逃げ、3階も危ないとわかると屋上まで逃げ……全員無事だったのでした！

TRAINING

社会貢献するスキルの土台を養うワークブック

step
1 子どもに家庭内での役割を決めて徹底させる

料理でも掃除でも植木の水やりでもなんでもいいのです。

だいじなことは子どものニーズを見て、日常生活場面で訓練になるようなものを利用すること。特に、将来、自立することを視野に入れたら、料理や洗濯ができるようになること。これらは将来の自立に直結する、とてもだいじな力です。

step
2 どういう人間に将来なってほしいか夫婦でよく話し合う

受験をきっかけに、あるいは子どもが学校に行き始めてから「どうする？」と話し合うのでは、遅いと言わざるを得ません。家族という集団に子どもが入ってくるときから、将来、どういう人になってほしいか考えておく必要があります。

早い段階で考えないと、あわただしい日常に追われ、どうしても子どもへの対応は行き当たりばったりになりがち。したがって、一貫したしつけにはなかなかなりにくいのです。

step

3　地域に貢献できるような場面を設ける

家のまわりを掃除する、ごみを拾う、近所の一人暮らしの老人宅にご飯などを届ける……。地域社会に貢献する場をいろいろと設けることで、地域の人たちから期待され、それが達成感の積み重ねにも繋がっていきます。

TRAINING

応用編

日々の生活の中で向社会的な行動を意識させる

社会貢献する力の前提にあるのは、向社会的な行為です。向社会的な行為は反社会的な行為の反対で、他者に利益を与える行動のことを言います。

社会貢献という、やや非日常的な行動を取るためには、日々の生活の中に向社会的な行為を取るようにするという思考が根付くことがだいじです。困っている人がいたら助ける、家事手伝いをする、だれも見ていなくてもゴミが落ちていたら拾うなどを意識し、行動に移していくこともだいじなのです。

発達障害があるかも、と思ったら

多様な場面で失敗経験が多かったり、叱責されたりすることが多い発達的な課題のある子どもたちにこそ、1～3を徹底させて。苦手さを少しでもトレーニングしつつ、向社会的な行為につながるような役割や行動が取れるように指導できれば、達成感も上がり、自己効力感も上がっていくので一石二鳥です。

case

12

将来を楽観する力

これまで、いじめたりいじめられたりしないためには語彙力や自己理解、自己決定する力や問題解決能力やコミュニケーション能力などを身につけてほしいと紹介してきました。それらを積み重ねていきながら、最終的に獲得したいのは将来を楽観する力です。

○○くんのパパが失業中と聞いたからみんなに教えた。いっしょに遊びたくないから遊ばない。いじめじゃない（サトルくん・9歳）
長くいっしょに学ぶので私立学校では家庭環境は特に大事。価値観や将来性の合う子と友だちになってほしいと伝えた（サトルくんママ）

親の失職はいずれ子どもに反映される。
友だちは人生の宝だからこそ将来にわたって付き合える子と仲良くしてほしい。子どものためを思い、そう伝えたら、担任からうち子が仲間はずれをしていじめていると言われた。うちの子にも友だちを選ぶ権利はあるはず！（サトルくんママ談）

子どもを教育する目的はなんですか？　なぜ、お受験させたり、学校にこだわったり、いい教育を受けさせたいと思ったりするのでしょう？　その点をパートナーや同僚と話し合ったことはありますか？　この質問、私はよく講演や相談に来られる保護者の方にお聞きするのですが、「どこの学校に入れたいか」「面接のときにどう答えるか」という点については話したことがあっても、「（前述の質問のようなことを）具体的に話し合ったことはあまりない」という方は少なくありません。

教育現場を取材する一方、私はいじめから不登校や引きこもり、さらに家庭内暴力、やがて第三者や自分に暴力を振るうようになった青年たちと多数関わっています。

最近の事例です。小・中学校と明るくて人気者で頭もよかった26歳の無職の青年が、家庭内で暴れるようになったのは、高校3年生の終わりからでした。

中学受験をして医者や官僚、弁護士、起業家などの子どもたちが集まる名門私立大学の付属に入学。よほどのことがない限り、大学まですんなり進学でき、就職率も抜群な理想的な学校でした。

　中学生のころは陸上部に所属し、一切問題がありませんでした。ところが、高校のころから友だちとうまくいかなくなり、排除されるようになります。本人はいじめとは認めませんが、やがてネット内で悪口を書かれるなど暴力を受けるようになりました。

　事態がさらに悪化したのは大学生になってから。だれもがうらやむ名門大学なのに、彼は「大学には意味がない」と引きこもるようになり、1年で中退。自宅の壁を蹴って、穴をあちらこちらに開け、母親にも手をあげるようになるのです。

　しかし、母親も父親も有名大学病院の医師。事を公にしたくなかったのでひたすら息子の暴力に耐えました。

　ご両親が私のところに相談にこられたのは、息子が裁ちバサミで母親を刺そうとし、「こうなったのはおまえらのせいだっ！」と暴れ倒し、命の危険を感じたからでした。

別の24歳の無職の青年の暴力は、20歳のころから始まりました。名門大学付属高校から系列大学に進学するのですが、サークル内での人間関係につまずき、2年で中退します。しかし、バイトをしたり就職したり、ほかの大学を受験したりすることはなく、家でぶらぶらし、生活は完全に昼夜逆転。気が向けば秋葉原まで遊びに行くのですが、徐々にそれも減っていき、やがて家にこもって家具や壁を破壊し、マンションの両隣の家族を暴力でおどすようになります。

両親はともに大学教授だったので、元教師という親戚に頼んで説得を試みますが、その人が肋骨を折られます。本人は「オレの気持ちを無視したおまえらが悪い」と暴れ、最後には警察が介入しました。

中学校から名門大学付属校に通っていた26歳の女性も大学を中退。そのころから引きこもり、腕だけでなく脚やお腹まで切り刻む自傷行為がやめられなくなります。父親は政治家、母親は会社経営者で、「両親はいい人だけど、私のことはわかってくれない」と言い、死にたいとくり返します。母親に連れられて私の講演に来たときは、向精神薬などを多量に摂取していて、歩くのもやっとなのではないかという感じでした。

いずれも特殊な事例ではありません。

共通するのは、両親がともにエリートでいわゆる勝ち組であること。本人は思春期以降に不適応を起こし、引きこもるようになったこと。不適応を起こすまでは勉強もでき、友だちもたくさんいた「いい子」で、小さいころから暴力など一切、振るったことがなかったこと。小さいころから聞きわけがよく、親の期待通

りに育っていたこと。それなのに暴力は成人前後のある日、突然始まり、どんどんエスカレートしていったこと……。

青年たちは必ずと言っていいほど「親の言うとおりにやってきて失敗した」「親は自分の気持ちを無視してきた」と責め、壁やドアなど破壊し、やがて他人もしくは自分の生命に危害を加えていったのでした。

子どもの特性と個性を知り、過度な期待をしない

保護者がいいつもりで習いごとをたくさんさせたり、名門学校に入れたりしても、「どういう人になってほしいか」といった目標がなく、子どもの発達課題などの特性も踏まえず、リスク要因を下げ、保護要因を上げて弾力をつけることにつながらなければ、将来の逸脱行動はだれにでも起こりえます。

実際、保護者の学歴や職種、財産状況がどれだけよくても、ほかのリスク要因

がそろい、保護要因が少なければいくらでも前述のような例になるのを、この20年、私は多数見てきました。

保護者がやると効果があるのは①子どもの特性と個性を知り、非現実的な期待をしないこと　②家族の一員として役割を持たせ、期待もすること　③学校の活動や意思決定に積極的に参加すること　④教師や子どもの友だちを批判しないこと　⑤家族の機能（愛情を与え、暴力はいけないなどといった社会のルールや暗黙のルールの徹底指導など）という原点に立ち返り、子どもを心理学的な視点だけで分析して対処しないこと。これらは結果として子どもの弾力を強化し、将来を楽観する力になります。

大事なことは5年後、10年後に不適応を起こさないように、成人するまでにしっかりと保護要因をつけてあげること。小学生のころは手厚く細かく指導し、中学生のころからルールを守る範囲内で自由度を上げ、社会にソフトランディングできるようにすること。これを可能にするのが、真の教育だと私は考えています。

TRAINING

将来に楽観し、打たれ強くなるために

step
1　積極的評価ノートづくり

子ども自身の特性と個性を踏まえたうえで、子どもに週に1回「積極的評価ノート」に記入させる。今週、どういういいことをしたのか、それがなぜよかったのか、などを記録。行った言動、それに対してなんと言われたか、なぜそう言われたと思うかの分析を子どもに書かせるといいでしょう。

step
2　自分の将来マトリックスをつくる

縦軸には家族の名前を書く欄を、横軸には今、1か月後、3か月後など時間の経過を書き込む欄を作る。子どもには1年後、3年後など将来の自分をイメージさせ、そのころ家族はどうしているか、そうなるためには今はなにをすべきだと思うか、考えたことを記入させていきます。絵を書いたり、写真をはったりするなど工夫して。

step

3 NO ということを自己決定し、相手に伝える力を鍛える

落ち着いた声を出す、不適切な活動にはかかわらないなど意思表明する、代わりとなる活動を提案する、それでもダメなときはその場を離れるなど、NO と伝える方法を本人といっしょに考えて。自分で決断して行動に移すことが大事です。

応用編

将来への楽観は、バランスのよい自己理解、努力すれば成果は変わるのだと自分自身を信じる力、問題を解決していく力、いろいろな人と関わっていく力などが備わってはじめて養成されるもの。ところが、中学生以上になると「自分は今のままでいいのか」「自分はこれまで自分が考えてきたような人間ではないのではないか」など、思春期特有の課題に直

面します。そういうときにこそ、今一度、これまでに紹介してきた力を振り返り、備えさせるように指導しましょう。

ちなみに、中学生以上になると、「時間をかけて、自分で思考する」ことが大事です。そのときのツールとして、読書があり、映画があり、アートがあります。芸術を通した思考や体験もまた、将来の自分を支える力になります。

発達障害があるかも、と思ったら

自我が確立する前に「自分は○○障害」などと聞いて知っていると、セルフラベリングしてしまうことにつながりやすいことがわかっています。セルフラベリングしてしまうと、自分への期待が低下し「どうせ自分なんて」と自尊感情が下がってしまうことにもつながります。

一方、「発達障害のある人のなかにはエジソンやアインシュタイン、ビル・ゲイツらがいて、彼らは天才。天才は理解されないから、アスペルガー症候群のあなたが理解されなくてもしょうがない」「みんな違ってみんないいんだから、あなたはそのままでいい」などと聞かされて育った子どもが高校生くらいになって不適応を起こすケースが最近増えてもいます。

発達的な課題があれば、土台ができる前の障害告知は避けたほうがベター。まずは自分の特性をバランスよく知るなど、これまで本書で紹介してきたスキルをていねいに指導してください。

それらが備わったとき、将来を楽観する力の土台も備わります。

第３章

うちの子、こんなだから、いじめられるの？

この章では、子どもたちの状態像から、
それらがなにを意味しているのか考え、
第２章で紹介したような力をつけるための土台となる
“子どもの理解の仕方”について検討します。

1

うちの子、いい子すぎる

うちの子、育てやすくて、
なんだかとっても
いい子すぎるくらいで。
これって大丈夫なの？

ママの心配

Aくんママ

小学3年生の次男、いい子で楽。長男は授業中にじっとできなくて、6年生なのに先生に叱られてばかり。三男は幼稚園の問題児。お受験問題もちっともできないし、乱暴だし手がつけられない。

その点、次男はおとなしくて友だちとのトラブルはまったくない。マイワールドが好きで独り遊びも上手。幼稚園のころから“ユニーク”って言われてきたけど、こんなにいい子で大丈夫？

Bくんママ

うちでは小学3年生の息子を“叱らず、ほめて育てる”が教育方針。そのせいか親の言うことは100%聞くし、争いをまったく好まない。お友だちとおもちゃの取り合いになりそうになると“ぼく、いいよ”と譲るんです。サッカーの試合中にボールを追いかけず、歩いているので理由を聞いたら“競争はイヤ”って。やさしい子だけれど、最近、このままで大丈夫か心配。

Cちゃんママ

うちの長女も同じ！　今、小学2年生だけれど、本当に育てやすいの。一人にさせておいたらいつまでも本読んでいるか勉強している。もともとあんまりしゃべらない子で、お友だちと遊ぶのも苦手。本人は自分の好きなことをやっているほうがいいと思っているみたい。妹の面倒はみないけれど、その分、私が下の娘の世話ができるし。今のところ問題ないんだけれど……。

子どものきもち

Aくん

ぼくは自分の好きなことを、いつまでもやっているのが一番好き。そんなときみんなにいろいろ言われると、よくわからない。なにか言い返すと、みんなが文句を言ったりする。ぼくもみんながルールとか守らないとムカつく。だから注意するとケンカっぽくなっちゃう。本当はみんなと遊びたいって思うけれど、
遊び方もよくわからないんだ。

Bくん

ケンカしたらダメとか、みんなといつも仲良くって言われたから、そうしているんだよ。言うとおりにするとほめられたし、勉強もちゃんとやるとほめられるし。ほめられるってすごいって気分になる。友だちと遊ぶけれど、それほどおもしろくない。なんか、よくわからない。ぼくが言ったりやったりすることに文句言われるし。ケンカはダメだから黙ってる。

Cちゃん

本読んだり、勉強したりするのが好きなのは、小さいころ、ママにたくさんほめられたから。2歳で本が読めたとき、ママは私のことを天才って言ってくれたんだよ。そのこともよく覚えている。お友だちと遊ぶのは苦手。みんな幼いと思う。遊んでなにが楽しいかもわからない。つまんない。みんな勉強できないんだから、もっと勉強したほうがいいよ。そう学校で言ったらケンカになった。

よく「最近の子どもは変わった」とおっしゃる方がいらっしゃいますが、私は取材を始めた20数年前も今も、子どもたちが心の底で抱えている思いはちっとも変わっていないと思っています。問題なんかまったくないと見える子も学校でいじめられていることをだれにも言えなくて、毎晩つらい夜を過ごしたり、勉強なんか好きじゃないんだと言い張る子が、本当はみんな以上に学ぶことが好きで、もっと解りたいと思っていたり。どの子も勉強ができるようになりたいし、運動だってできるようになりたい。友だちと仲良く遊びたいし、ワクワクドキドキして生きていきたい。でも目立ったり、場にそぐわないことを言ったりしたら、いじめられるんじゃないかと心配。ママやパパを悲しませたくもない……。見かけや表現方法は変わっても、そんな思いを心の深いところで抱えて汲々としているのを感じるからです。

この章では「いじめない力」「いじめられない力」を身につけるために、ママたちの悩みを紹介しながら、子どもの理解の仕方や今できることについて考えていきたいと思います。

「いい子」よりもお友だちと関わりたがらないことのほうが心配

ここ数年、私が受ける相談で意外に多いのは「うちの子はいい子すぎる」というもの。年々、こういった話は決して珍しくないのだなあという思いを強くしています。

取材したママたちが語ってくれた3人の子どもたちに共通するのは「いい子すぎる」「勉強したり本を読んだりマイワールドに浸ることは大好き」「お友だちと遊ぶことが苦手だったり遊びたがらない」という点でした。

「いい子すぎる」ということが問題になるかどうかは、小学2、3年生の段階で決められることではないでしょう。「いい子」のまま成長して社会に貢献するようになった子もいますし、「いい子」だったけれど、思春期を過ぎるあたりから別の課題が心身にあらわれるようになった子もいました。社会に貢献するような大人になったのに30歳で引きこもってしまった人もいれば、思春期には問題をたくさん抱えていたのに、成人してからは社会に貢献するような仕事について、がんばっている人も知っています。

つまり、子どもと関わるすべての大人が、常に問い続けなければいけないのは「今、いい子かどうか」ではないと私は考えています。それよりも「その子が将来、自分の持てる能力を最大限発揮して、自立して社会参加して、市民として生きることができるように教育できるかどうか」です。

たとえば、人間の心の健全な成長発達を考えたとき、小学校の時期に学ばなければならないのは「集団性」と言われています。この時期、集団での関わり方を身につけないと、のちの人生のどこかでやりなおさなければならず、それはかなり大変なことになります。

ですから、私は3人のママたちの「いい子すぎる」という心配よりも「一人遊びばかりする」「お友だちがいないわけじゃないけれど、あまり遊びたがらない」というほうが気になるのです。

私も「一人のほうがいい」という子どもたちにたくさん会いました。それでも数時間取材をしていると「本当はみんなと遊びたいけれど、どうやって遊んだらいいかわからない」「みんながおもしろいと思っていることがわからない」と言いだします。たとえば、そういう子どもには、みんなが遊んでいる遊びの「遊び方」を上手に指導すると変わる場合があります。「鬼ごっこをするときは、ほかの子が隠れている場所を鬼に教えてはいけない」など、そこまで言わなければいけないの、と思うようなことまでていねいに教えてあげるといい場合もあります。

小さいときから集団に入りたがらない子には、大人がこういう場面を設定して、あえて集団行動を取る訓練をしておく必要もあるでしょう。人と関わるのがきらいでは、社会に出てから不適応を起こしやすくなるからです。

ところで、ほめて育てる、は決していけないことではありません。ただ、肝心なことはほめるだけではだめだということ。望ましくないことをしたら、しっかり望ましくないと言葉にし、かつ表情や声など非言語情報でも伝えながら指導する必要があります。そうしなければ、子どもに「社会のルール」が身につかないからです。

将来、自立し社会参加して、市民として生きるためには「集団の中で生きる力」も「社会のルールを知っている」ことも必須要件です。

今日から子ども・若者のためにできること

*望ましくないことをしたら無視ではなくてちゃんとその場で具体的になにがどういけなかったか、どうするべきか、言葉で指導（しつけ）する。怒っているときは声や表情で怒っていることを教える必要がある子もいる。

*お友だちと関われないなら、ボーイスカウトなど役割のある集団に入れる。

2 大人の言うことを聞かない

どうして、大人の言うことをちっとも聞かないの？ こんなマイペースのままでいいの？

ママの心配

Aくんママ

小学２年生の長男はとにかく先生の話を聞かない。だから次になにをやるかわからなくて、しょっちゅう隣の席の子に“なになに？”と聞いている。そのことを先生に注意されても全然、平気。学校のプリントも忘れるし、提出物もいつも間に合わない。バカではないと思うけど、算数のテストを見てもケアレスミスばかり。夫も私ものんびり型で結構ボーッとしているから遺伝？　育て方？

Bくんママ

うちの小学２年生の息子も大人の言うことをまったく聞かない。こんこんと言い聞かせると「はいっ！」といい返事をするけれど、次の瞬間には全部、忘れている。自分の気になることにしか集中しなくて……。この間なんか、道路の反対側に犬を見つけて、そのまま走りだしてしまい、あと一歩で死ぬところだった！

Cちゃんママ

小学１年生の娘は先生の言うことをまったく聞いてないらしく､先生の指示が終わる前にもう動き出して、次のことをしてるって。それなのに、えらそうにペラペラしゃべりまくって、ほかの子を仕切っているみたいで……。みんなの和を乱す面もありますと先生にはっきり注意されてしまい、親としては情けなくって……。もうすぐ、おねえちゃんになるのに。

子どものきもち

Aくん

いつもぼくだけ､怒られる。宿題とか牛乳パックなど、準備するものを忘れる人はほかにもいるのに、注意されるのはぼくだけ。授業中、黒板に先生が書いたことをノートに写そうと思っても、すぐに忘れちゃって書けない。そのうち先生は黒板を消してしまうから、結局書けないし。なんで､できないのかよくわからない。

Bくん

好きなのは犬と電車。犬はかわいいから好き。電車もかっこいいから好き。好きなものを見つけたら、すぐにそばに行きたくなる。そういうとき、よく転んだりぶつかったりするけど平気。ママも先生もぼくが好きなことをしているといつも怒るけれど、なんで怒られるのかわからない。ぼくは悪いことはしていない。

Cちゃん

いつも先生に、ちゃんと聞いてないから失敗するって怒られる。だから、学校は好きじゃない。先生は私に“ちゃんと話を聞きなさい！”ってどなるけど、私は聞いているから､絶対に悪くない。言われたこともやっている。だって「おねえちゃん」になるんだもの。でも、ときどき失敗しちゃう……。

反抗期でもないのに、大人の言うことをちっとも聞かない。くり返していねいに話しかけているのに、馬耳東風で聞いていない。だから、どうしても失敗が重なるし、忘れものも多くなって、お友だちとのトラブルも増えてしまう。なぜなの……？　そんな心配を抱えている保護者は少なくありません。

Aくんのママが話します。

「息子は、別に集中力がないわけではないと思うんです。恐竜とか昆虫とか、好きなもののことなら、寝食忘れて取り組む力がありますから」

一方、Bくんの保護者は、担任に「落ち着きがないのはおかあさんの愛情不足のせいでもあるのではないか」と指摘されて、傷ついていました。

「きびしく育てないと、あとで苦労するのはあの子だと考えています。でも、スクールカウンセラーの先生には、親がきびしすぎるから、かえってストレスがたまってじっとできないし、注意力散漫になっている面も否めないと言われました」

Cちゃんの保護者も悩みが深いそうです。

「私が今、妊娠していて、本人には『おねえちゃんになるんだから、ちゃんとしなさい』としょっちゅう言い聞かせています。だから、えらそうな態度を取って、先生の言うことも聞かないのでしょうか。学校での様子を聞いていると、話を最後まで聞かない、聞いていないから指示をまちがえる、じっとできないなど、親としてはしつけの失敗を見せつけられているようで、恥ずかしいかぎりです」

大人の話が聞けないのは、注意集中や言葉の理解に問題？

大人の話を聞かないということが、即〝愛情不足〟だとか〝しつけの問題〟というわけではありません。また、よくしゃべったり話を最後まで聞かなかったり、じっとできないということが、即ＡＤＨＤ（注意欠如多動性障害）というわけでもありません。ここのところが短絡的にとらえられやすく、大きな誤解を生んでいますので要注意です。実際、背後にはいろいろな理由が考えられます。

最初に確認したいのは「ちゃんと聞こえてる?」「ちゃんと見えてる?」ということです。ちょっとややこしいかもしれませんが、「ちゃんと聞こえる」＝「聴力検査でひっかからない」ということではないのです。

話し言葉の一つひとつの音のわずかな聞き分けが悪い、似た音の聞き分けが不正確、聞き分けるのに少し時間がかかる、周囲に雑音や話し声がある中で目的の音を聞き分けるのが苦手な人が少なからずいます。しかし、「ちゃんと聞こえていない」ということは、結果的には「話を〝正しく〟聞けない」ことにつながります。こういう子は聞くつもりがないのではなく、聞き取って理解する力が弱いのです。

同じように「ちゃんと見える」＝「視力検査の結果がいい」ということでもありません。視力検査では１・０が見えていても、たとえば見るものに視線をすばやく正確に移動する能力が弱かったり、上手に両方の眼を使ってモノを見ることができなかったり（片眼しか使っていない）、眼から入った画像を分析して形をとらえて頭の中で再構築することが苦手だったりすると、「視力はよくてもちゃんと見えていない」という状況になります。具体的には、お手本を見て書くのが苦手、文章を読むのがとても遅い、片目をつぶってモノを見る、斜めに顔を傾けてモノを見る、顔を近づけて本を読む、過度にまばたきしたり、よく目をこすったりする、よく似た文字や図形を見まちがえるなどです。

こういった様子が見られたら、しりとりやカルタ、指示通りに体を動かす、おはじきや迷路、まちがい探しなど聴覚や視覚を使った遊びやゲームを日常場面に取り入れてみてはどうでしょう？

ちゃんと聞こえているし、見えてもいるのに、それでも大人の話を聞かないときは、注意集中に課題があるのかもしれません。その場合、話しかける前に「○○ちゃん」と言ったり、肩に手を置くなどして注意をひいてから、話してみます。あれこれと長い指示を出さず、一回に言うことは一個だけにします。

それでも話を聞かないときは「言葉の意味がわかっているか？」という視点に

立つ必要もありそうです。たとえば「お風呂、見ておいて」と言ったら「お風呂の水がいっぱいになったら蛇口を止めて」という意味ですが、水があふれ出ても「見ているだけ」という子がいます。

この場合、日頃から「まちがって理解していない？」との視点に立ち、まちがえに気がついたら、その場で訂正して教えることが大切です。

心理的なアプローチも大事ですが、こういった発達的な視点から子どもたちを見ていくことは、それ以上に大事なことだと私は考えています。

今日から子ども・若者のためにできること

＊大人の言うことを聞かない背景を「ちゃんと聞こえてる？」「ちゃんと見えてる？」「うっかり聞いてない？」「言葉の意味をわかってる？」の視点で観察し、分析してみること。

＊ちゃんと見えていなかったり、聞こえていないかもと思われるときは、しりとりやカルタなど聴覚や視覚をきたえる遊びやゲームをやってみて。

3

どんくさいのはどうして？

本も読まないし、
勉強もキライ。
運動も苦手でなにを
やってもどんくさい。

ママの心配

Aくんママ

公立小学3年生の息子は勉強が大きらい。宿題は全然やらないし、字も「ね」と「わ」、「き」と「さ」と「ち」など適当に書くし、九九も適当。洋服のボタンも留めないし、靴もときどき左右逆にはくし、行動のすべてがいい加減。夫は「今のうちにちゃんとやらないと中学受験は無理」と週末は張りついて勉強を教えているんだけれど、ちっとも成果が上がらない。本人はやる気がまったくなく、すぐに寝てしまいます。

Bちゃんママ

国立大学付属小学校に通う小学4年生の娘は超運動オンチ。乳児のころからずっと習っている水泳は、未だに幼稚園児と同じ一番下のクラス。なわとびも飛べないし、自転車にも乗れない。昨年からはバレエも習っているのだけれど、親が見ても悲しくなるくらいヘタクソ。要領が悪いのか頭が悪いのか、どれだけていねいに教えても、すぐに忘れてしまいます。できないのはママ似だからって義理の母から私が責められています。

Cくんママ

私立小学3年生の長男は本もマンガも読まない、ゲームでも遊ばない。運動もキライで走ると右手右足がいっしょに出るような子。それでしょっちゅう転んで、けがばかりしています。サッカーチームに入れているんですが、後ろから追いかけるだけ。なにをするのもどんくさいんです。注意しても全然、上達しません。でも友だちはたくさんいて、みんなと元気に遊んでいるのですが……。

子どものきもち

Aくん

やればできるのに、やらないのはぼくがやる気がないからって、いつも怒られるけれど、もう怒られるのに疲れちゃった。最初はがんばろうと思ったけれど、聞いていてもよくわからないし、字も覚えてもまちがえてばかりだし。漢字だって「目」と「日」とかややこしくて。本も本当は好きだけれど、机に座って読もうとすると飽きちゃうんだ。勉強なんか大きらいだ。パパは受験受験って言うけれど、ぼくはどうせバカだからどうでもいい。

Bちゃん

水泳をずっと続けているのは、泳ぐのが好きだから。先生もカッコイイし、私ももっと泳げるようになりたいの。でも、なかなかうまくならないの。水泳もなわとびも自転車もバレエも、ちゃんと練習しているのに全然ダメ。どうして上手にならないんだろう。最近、いっしょに習いはじめたお友だちにバカにされるようになって、悲しい。

Cくん

字を読むのは疲れる。頭が痛くなるんだ。ゲームもきらいじゃないけれど、すぐに頭が痛くなってしまうし、全然うまくならないからおもしろくない。勉強は好きだし、新しいことを教えてもらうのは大好き。体育も好きだよ。サッカーだって、ぼくはみんなと走るだけでおもしろいんだ。ママもパパも「もっとちゃんとやれ」って、いつもおこっているから、このままではダメなんだと思う。でも、自分ではよくわからない。

保護者からよく受ける相談に「ウチの子は勉強がきらい」「やる気がない」「本を買っても読まないし、机に向かっても10分も持たず集中力がない」「運動もヘタクソ」というようなものがあります。もし、小学校低学年で本当に勉強がきらいで、やる気もないのであれば、ちょっと心配です。というのも、くり返しますが長年、子どもたちを取材していて、最初から勉強ぎらいな子、やる気がない子、できなくてもいいと思っている子はいないからです。また、要領が悪い背景にはなにか理由があるとも思うからです。

勉強やスポーツをやる前に。脳には物事を理解するための順序があります

脳が物事をとらえ、理解し、学んでいくためには、いくつかの段階を踏むと考えられています。たとえば、「反抗期でもないのに大人の言うことをまったく聞かない」「くり返し話しているのに、いつも馬耳東風で聞いていない」と言うよ

うな保護者たちの心配を紹介しました。そのときに、まず確認したいのは「ちゃんと見えている？　聞こえている？」ということだと説明しました。

人間の脳には階層性、簡単にいうと、脳が経る発達の段階があります。

まず土台に、見る・聞く・触れるなどといった基礎的な感覚があり、その次にバランスを取るなど、体を大きく動かすといった運動機能があります。その後、目と手の協応という、見たように手を動かすといった細かい運動機能が発達し、それができてから認知、つまり言葉を操って物事をとらえ、理解すると言った側面が発達するのです。

こういった土台がしっかりできていないのに「ウチの子はやる気がない、勉強がきらい、どんくさい」などと精神論的に考えて、ひたすら机に向かわせて勉強させたり、スポーツの練習をさせたりしても、効果は上がりにくいのです。それどころか、子どもたちは失敗経験ばかり積んでしまい、ますます成果が出づらくなってしまいます。

子どもたちが人生の早い段階で失敗体験ばかり積み重ねると「いくらがんばってもうまくできない」→「がんばってもできないということは、結局、自分はバカっていうこと？」→「どうせバカでダメな人間なら、がんばってもしょうがない」→「もういいや、なにもやりたくない」という思考パターンに陥り、自己効力感は急激に低下していきます。自己効力感が下がれば、ますますなにもできなくなるという、悪循環に陥りやすいので要注意です。

片足立ちができたり、服のボタンを留めたりできる運動機能の発達を

今回の子どもたちに共通するのは「一生懸命やっているのに成果が上がらない」点です。だから、Aくんは「どうせバカだからもういいや」と自暴自棄になり、Bちゃんは「一生懸命やっているのに、できないから悲しい」と胸を傷め、Cくんは「本当は、できるようになりたい」と嘆くのです。

「ちゃんと聞こえているし、見えている」のに、冒頭のAくんたちのようなしんどさを子どもが抱えたとき、チェックするのは運動機能がちゃんと発達しているかという点かもしれません。

私たちがある行動を取ろうとするとき、体中のあらゆる筋肉が弛緩したり、緊張したりして、目的にあった運動を取らせるわけですが、これがうまくいかないと、なにをやっても「どんくさい」し、「努力しているのにできない」という状況になりやすいのです。

こういうとき、机の前に座らせてドリルをやらせたり、暗記させたり、本を読ませたり、あるいは水泳やサッカーなどのスポーツを学ばせる前にやったほうがいいことがあります。

たとえば片足で1分以上立つ、目をつぶって同じ場所に居続けるように足踏みをする、右手右足をいっしょに出さないように歩く・走る。

こういった運動ができるようになったら、なわとび、スクーターや一輪車に乗る、リコーダーやピアノなど左右の指を別々に動かす楽器を習う……。洗濯物をたたむ、料理の下ごしらえをする、食器を洗う、拭くなどをやってみる……。

社会に出てから不適応を起こす若者のなかに、こういったことに苦手さを抱える人は少なくありません。子どもの「勉強ぎらい」や「やる気や集中力のなさ」「どんくささ」を嘆く前に運動機能がちゃんと発達しているかを確認し、できなければ日常の中できたえてください。運動機能の発達は脳の発達の土台です。中学生でも高校生でも大学生でも同様の苦手さがあるなら、その日から運動機能のトレーニングを！

今日から子ども・若者のためにできること

＊「やる気がない」「どんくさい」と責める前に、運動機能をチェックしましょう。体をバランスよく使えるか、目で見たように手を動かすなど細かい作業ができるか、確認すること。

＊苦手なら料理をしたり、掃除をしたりなど、日々の生活のなかでくり返しトレーニングし、社会に出るまでに体が使えるようにして。

4

集中力や落ち着きがない

集中力がない、落ち着きがないといつも先生に言われてしまう

ママの心配

Aくんママ

小学５年生の息子は集中力ゼロ。幼稚園のときから好きなことをやるときはいいけど、それ以外になると自分勝手な行動ばかり。暴力をふるわないけれど、バタンガタンとうるさいし、行動も乱暴。入学してからは授業中に立ち歩いたり、思いついたら話し出したり。最近、そういう行動は減ったけれど、今でもじっとできるのは15分くらいで、エネルギーがあまっている感じで情けない。しつけが悪かったのでしょうか。

Bくんママ

小学４年生の息子も、先生に集中力がたりないといつも叱られています。テストも最初の数問はできているのに、後半にいくにつれてミスが増える。塾にも通わせていますが、どうすれば集中力を上げられるかわかりません。様子を見ていると記憶力も悪いようです。このままでは中学受験はのりこえられそうにありません。やる気はすごくあるのにできないのは、頭が悪いからでしょうか？

Cちゃんママ

小学３年の長女は余計なことばかり言います。小さいときからおしゃべりで、それがもとでお友だちとケンカになることも。落ち着いて取り組めるように、絵本を読み聞かせたり、ピアノを習わせたりしていますが、飽きっぽく、身につきません。私がイライラして、きびしく叱ってしまい、最後は娘が大泣きして終わることの連続。どうしてこうなるの……。

子どものきもち

Aくん

ぼくはじっとしたいけれど、仕方がわからないんだ。楽しいこと、興味のあることがたくさんあって、いつも頭の中が忙しいんだもん。友だちの話を聞かないって怒られるけれど、みんなも聞いてないよ。ただ、テスト問題とか教科書なんかを読んでいると飽きてしまうのには困ってる。

Bくん

ママも先生も、ぼくが人の話を聞いていないと言って怒るけれど、ぼくは聞いているけれど、忘れちゃうんだ。どうしてこんなに、なんでもかんでもすぐに忘れちゃうんだろう。ママにそう聞いたら、ぼくが集中していないからだって言われた。最近は「Bは頭は悪いけど、性格はいいから大丈夫」って言われて、それがすごくムカついた。

Cちゃん

ママにはいつも「ちゃんとしなさい」「女の子らしくおとなしくしなさい」「集中しなさい」「しゃべりすぎる」って、怒られる。しゃべったらいけないんだとお口を押さえたら、今度は体が動いちゃうの。ちゃんとしたいのに、どうやったらできるかわからない。ピアノの練習もママがそばにいてくれるとできるけれど、私一人じゃ全然ダメなの……。

「運動はできるのに、頭がよくない」「やる気はあるのに勉強ができない」保護者たちからよく聞く心配ごとにそういったことがらがあります。詳しく聞くと「注意や集中する力がない」「記憶力が悪い」「飽きっぽくて根気がない」「人の話を聞かない（聞けない）」といったことに集約されます。

こういう苦手意識があるかもしれないと気がついていながら、「ちゃんとしなさい」「集中しなさい」「落ち着きなさい」などと〝抽象的に〟注意するだけでは効果は期待できないでしょう。なぜなら、子どもたちの多くは、集中したくても、じっとしたくても、忘れたくなくても「そのやり方がわからず」困っているからです。裏を返せば、集中力をあげたり、記憶を定着させたりする具体的な方法を教えず、叱責だけをくり返しても効果は上がりづらいと言えます。

まずは食事とストレスのチェックを

子どもの注意力や集中力を気にするならまず、栄養面を検討します。

実は、糖分過多で子どもの集中力や注意する力が低下したり、衝動性が高くなったりするという報告があります。ロールケーキや菓子パン、ドーナッツに、飲み物にはホットチョコレートやジュースなど糖分の高いものを朝ごはん代わりに食べさせていませんか？　脳が活性化するにはブドウ糖が必要ですが、問題は「子どもの体重に必要な摂取量」かどうかです。

過去に私が取材したケースで、学校側は子ども（小学3年生男児）の多動性、集中力のなさ、衝動性の強さからADHDを疑ったのに、朝食を和食に変えて3カ月もしたら、多動もおさまり、集中力もあがったという事例があります。

この少年の場合、朝ごはんはドーナッツかロールケーキ、もしくは菓子パンにホットチョコレートかコカコーラなどの炭酸ドリンクが定番でした。専門家たちは少年の体重に比べて、糖分の摂取量が多すぎたと分析していました。

子どもの注意集中に問題があるかもしれないと思ったら、まず食事を見直し、バランスよく食べているかチェックしてください。その際、「まごわやさしい」と覚えておくと便利。「ま」は豆類、「ご」はごま、「わ」はワカメ、「や」は野菜、「さ」は魚、「し」はしいたけ、「い」は芋類です。

次に検討するのは、子どものストレスです。保護者は子どもをほめているつもりで、実は批判ばかりしていないか（「〜はすごいね、がんばっているね。でも、もっとこうしようね」という発言は、言われたほうからすると、批判された記憶だけが残ります）、しつけは一貫しているか、過剰なしつけになっていないか、愛着（情緒的な結びつき）不足ではないか、弟や妹のことばかり気にしていないか、家庭内にストレスはないか（両親の仲が悪い、嫁姑の関係がよくない、介護をしている、リストラされたなど）、いじめなど家庭の外でストレスを受けていないか、などです。こういうストレスがあっても、子どもの注意力や集中力は低下し、根気が続かなくなります。記憶力が低下することもあります。

ストレスの源を取り除くことができればいいのですが、日々の生活をしていく上では、必ずしもそうできないこともあるでしょう。そういうときは、指導や指示の仕方を変える、少しでも集中力をあげる方法や物事を思い出す仕組みをいっしょに考えるなど、ほかの方向からアプローチするといいでしょう。

たとえば、指示は一度に何個も出さず、「まずこれをして」と言ってやらせて、「次にこれ」と1回に一つの指示だけにします。

それから記憶する時に、音を意識して覚える、視覚を意識して覚える、体を使って覚える、嗅覚や触覚などを使って覚えるといった方法も検討してみてください。本人と一緒に、どうやったらより覚えやすいか探ってみるといいでしょう。

中高生以上ならメモやＩＣレコーダーや携帯（スマホ）の留守電機能、写真機能など記憶媒体を多用する方法も併用するといいでしょう。視覚的になら記憶に残りやすいという子には覚えるべきものを写メに撮ってすぐに自分にメールしたり、絵を描いたりメモを書くなどさせます。携帯や手帳はなくさないようにカバンなどにひもなどで結び、しょっちゅう確認する癖などをつけさせます。

聞いたほうが覚えるという子にはICレコーダーなどの使い方を教え、言われたこと、だいじなことは全部録音し、しょっちゅうそれを聞く癖をつけさせます。

集中力を上げるには時間を区切るところから始めることもだいじです。15分勉強したら1分休んでまた15分。このセットを4回やれば1時間勉強したことになります。その時間を少しずつ伸ばし、次は20分やって1分休む、をくり返します。

集中力が途切れやすい子には、自分がいつそうなるか、なにがきっかけでそうなりやすいか、自覚させる訓練もしておきたいものです。

今日から子ども・若者のためにできること

＊朝はごはんとおみそ汁、焼き魚、わかめなどの酢の物。これが子どもの学習能力をあげる黄金の食事です。菓子パンやケーキよりは手間がかかっても和食を。子どもにも食事の準備を手伝わせるのは、細かい手作業や記憶力のトレーニングにもなり一石二鳥。

＊集中力をあげるためにはタイマーを使う方法も。

5

記憶力が悪い

うちの子はすごく努力しているのに成績があがらないのは記憶力が悪すぎるから？

ママの心配

Aくんママ

小学４年生の息子はものすごい努力家。毎晩、遅くまで宿題をやって、予習復習もして、塾にも通っているのに、ちっとも成績があがりません。本人は最近「どうせ、ぼくはダメだ」と言っています。私も頭がよくないので、それが遺伝したのでしょうか？　とにかく記憶力が悪く、ノートの取り方も下手。そういうことも関係しているのでしょうか。

Bくんママ

うちの息子は今、小学５年生で通知表は最悪。通知表をもらうたびに本人は泣いています。テストの点は悪いし、運動も図工もできません。絵は平面的にしか描けません。学習塾にも行き、家庭教師もつけ、本人も寝る時間を削って、努力していますが、全然成果があがらないんです。性格はやさしいのですが、息子の将来がとても不安です。

Cくんママ

小学４年生の娘はやる気があるのに勉強がまったくできません。春休み中、１日10時間つきっきりで漢字を教えても、翌日には全部、忘れていました。判断力もあるし、機転が利くし、頭が悪いようには思えないのですが、とにかく記憶力がなさすぎ。しつけの問題なのでしょうか？

子どものきもち

Aくん

ぼくは言われたことは全部やっているけれど、テストでは全然、点がとれない。いつも10点台。先生にも「なぜ、もっと集中して、がんばらないの？　やればできるのに」と言われるけれど、そんなことぼくが知りたい。ぼくは怠けてなんかないよ、一生懸命やってるよ。でも、できないんだ。どうしたらいいかわからない。

Bくん

ぼくは絵も下手、運動もできない、勉強もできない。パパはこのままでは私立に行けないって言うけど、ぼくもそう思う。でも、パパとママには悪いけど、ぼくは生まれつき、頭が悪いんだと思う。将来どうするのって怒られるけれど、まったくわからない。好きなこともやりたいこともないんだ。

Cちゃん

学校で、勉強ができないとか運動ができないことほど恥ずかしいことはない。みんなに「ばーか」って、いじめられるのもイヤ。運動ができないと、チームでなにかやるときに足を引っ張ってばかりでウザがられる。最近はもう学校に行きたくないの。もう、なにもしたくない。

子どもたちの中にはがんばって勉強したり、スポーツをしても成果が上がらず、やる気が失せる、自暴自棄になるなど、坂を転げ落ちるようにネガティブ・スパイラルにはまってしまうケースが少なからずあります。

ネガティブ・スパイラルに陥る原因の一つには「なぜ、理解できないのか」「なぜ、努力が実らないのか」など、子どもも周囲の大人もわからないことがあります。このとき、保護者が今までと同じ方法で長時間、机に向かわせたり、そばについてくり返していねいに教え続けたとしても、効果は期待できないかもしれません。それどころか、ますます自信を失い、今までできたこともできなくなるという逆効果になることすらあるのです。

大人にできるチェックポイントは①聴覚系の理解・作業記憶はどうか、②視覚系の理解・作業記憶はどうか、③メタ認知力（自分のことを客観的に点検・吟味し、うまく話したり行動できたりするように調整したりコントロールしたりする力）はどうか、④モチベーション（動機づけ）はどうかの4つです。

作業記憶とは、情報を数秒間覚えて、その情報を使ってなんらかの作業をする力で、優先順位をつけたり、重要なことに集中したり、素早く考えたりするときに使われることが知られています。勉強や仕事だけでなく、スポーツなどでも効果を上げるためには、この作業記憶が十分機能していることが求められます。

しかし、聴覚系の理解や作業記憶のよしあしは、いわゆる聴力検査ではわかりません。聴力検査では問題がなくても、つまる音（「っ」など）や伸ばす音（「ヨーヨーの〝ー〟の部分」など）といった音の処理が苦手だったり聞いたことがらを数秒ほど覚えながら、なにかの作業をするというようなことが苦手だったりする場合があります。こういう苦手さがあると、授業中に先生が話す内容を聞きまちがえたり、パッと理解することがむずかしかったり、聞いたことを覚えてノートに取ることがむずかしかったり、指示を聞いて動いたりするのが苦手になりがちです。

視覚系理解の苦手さや作業記憶の苦手さも、視力検査ではわかりません。

眼の機能に問題はないか、見たことを頭の中で像としてとらえられているか、あるいは見たことを数秒間記憶して作業することができるか。これらが苦手でも、やはり見まちがい、読みまちがいなどが生じやすくなるのです。

大人側に「この子の聴覚的・視覚的な理解はどうか」「聴覚的・視覚的作業記憶はどうか」という視点がなければ、単に集中力ややる気の乏しい子どもとしか見えません。本人は自分にそういう苦手さがあることなどまず気づきませんから、親や先生に「集中力が足りない」「やる気がない」と決めつけられたら、もはや四面楚歌、ネガティブ・スパイラルに陥るしかなくなるのです。

また、さまざま学習を効果的に進めるために必要なのは、メタ認知力だと言われています。メタ認知力が弱いと、自分はなにができてなにができないのか、なにがわかっていて、なにがわからないのかなどをうまくとらえられず、勉強するときのむだが多く、時間配分もヘタで、費用対効果が悪くなります。

この力が弱い場合は、大人が勉強するときの重要なポイント、表などへのまとめ方、覚え方などを具体的に教えていく必要があります。それらを教えるときも、前述の聴覚処理や視覚処理の特性を踏まえておかなければ効果は期待できません。何度「ニニンガシ」と言っても九九を覚えない子に、さらに「ニニンガシ」と長時間繰り返し言わせるのではなく、九九の表を視覚的に覚えさせるなど別の戦術を考えなければ効果は上がらないのです。

要するに、自分を俯瞰してみることができなければ、自分の弱点がわからず、効果的な戦術も立てられない、というわけです。

また、いくら、こういった学習の土台となる力をきたえても、本人の学習をするモチベーションが低ければ、やはり効果は上がりづらいことがわかっています。その学習はなんのためか、その目的意識を本人の将来の目標などと連動させて育てることが大事です。

今日から子ども・若者のためにできること

＊しりとりやかるた遊びで聴覚の理解や作業記憶を、まちがい探しやトランプの神経衰弱などで視覚の理解や作業記憶の訓練をする。勉強の土台を作るつもりで日々の生活に取り入れて。

＊作業記憶を強化するには、料理をしたり本を読んだりするといい。

6

アナログ時計が理解できないって？

デジタル時計は読めるのにアナログは読めない。頭が悪いせいい？

ママの心配

Aくんママ

小学２年生の息子は走らせれば右手と右足がいっしょに出るし、乳児のころから習っている水泳もいまだに10メートルも泳げない。靴は左右逆にはく。何回教えてもアナログの時計が読めない。「あと何分」がわからないんです。デジタル時計は読めますが、時間の感覚がつかめていません。息子を見ているとイライラして、このままではいつか手をあげてしまいそうで……。

Bくんママ

小学３年生の息子はドッジボールはできない、一輪車にも乗れない。幼稚園のころから積み木も作れず、自分の興味のあることしかやらない。お手伝いを頼むと、最初の一つしかやらず、あとは知らんふり。耳が悪いのではと思ったりもするのですが、悪いのは耳ではなく、頭のほうではないかと心配です。

Cちゃんママ

小学２年生の娘は料理上手。掃除も洗濯も教えなくてもできてびっくりしています。それなのに、学校の勉強はいまいち。運動会のダンスもひとりテンポが遅れます。アイディアはどんどんわくのか、一人で延々としゃべり続けたり、急に行動するので、お友だちと衝突することも。先生との関係が悪いのも心配です。

子どものきもち

Aくん

ママはぼくがわかってないって、いつも怒るけど、時計に出てくる数が読めるから、ぼくはちゃんと時計は読めているんだよ。ママがまちがえてるよ。ただ、まるい時計はきらい。それから「あと何分？」と言われるとわかんない。靴はいつも反対のやつをはいちゃって脱げちゃう。でも、なんでまちがえるかはわかんない。ちゃんと気をつけてるし。ぼく、悪くないもん。

Bくん

ぼくは運動は好きじゃない。一輪車は上手に乗れないからキライ。ドッジボールも好きじゃない。だってボールが取れないから。見てればわかるって先生は言うけれど、ちゃんとやり方を説明してくれないとわからない。なんでなにをやっても、うまくいかないのだろう。

Cちゃん ♪

一人で踊るのは好き。でも、みんなといっしょにやるのはむずかしい。先生が言っていることがよくわからなくなっちゃうから。なんでちゃんとできないかわからない。みんな私と同じ班になると「ツイてない」って怒るの。私はみんなの迷惑なんだって。私はお料理とかお掃除、とっても上手なんだけど、それじゃダメみたい。

これまで説明してきたように、子どもを理解し、効果的に指導していくためには子どもの特性を知ることがまずだいじ。その際、まず注目すべきは脳の階層性、すなわち物事を理解するために脳が踏む段階がそれぞれどうか、という点でした。

土台にあるのは、見る・聞く・触るなどといった基礎的な感覚。その次にバランスを取るなど体を大きく動かすといった運動機能があります。その後、見たように手を動かすなど、細かい運動機能が発達し、それができてから言葉を操って物ごとをとらえて理解するといった側面が発達します。

子どもになんらかの苦手さがあったときは、「本人のやる気」の問題にしないで、まずはこういった特性がどうかを理解することが第一歩でした。

それらとはべつに作業記憶がどうか、注意集中はどうか、自分はなにができてなにができないのかという、メタ認知の力はどうかなども考慮する必要があることを説明しました。

細部を一つずつ理解するのか全体像を一度に把握するのか。情報処理にも特性がある

ここでは子どもの脳が情報をどういうふうに処理するのか、その処理パターンの傾向について考えます。これについては、学者たちが脳には「継次処理」と「同時総合」という2つのパターンがあると主張しています。

「継次処理」とは、入ってくる情報を時間に沿って順番に一つずつ処理するような仕方のことです。部分を一つずつ集めて、それらを積み重ねて全体を把握するやり方と考えてください。

一方、「同時総合」とは、いくつもある情報を一度にまとめて理解したり把握したりするやり方のこと。一つひとつを見ていくというよりも、最初に全体像をパッととらえてしまう方法だと考えればわかるかもしれません。

少し具体的に説明しましょう。

たとえば、時計にはデジタル時計とアナログ時計がありますが、あなた自身はどちらの時計のほうが、パッと時間を理解しやすいですか？　デジタル時計は、そこに「09：28」と表示されているなら、まず9時台ととらえ、その後、28分、経ったと理解します。

それに対してアナログ時計は、長針と短針の位置から全体をとらえて、だいたいこれくらいの時間、とまず理解します。そのあと、細かく短針を見て、「何分」と時間を把握します。デジタル時計の理解の仕方は「継次処理」、アナログ時計は「同時総合」です。

厳密に「継次処理」が強いのか、「同時総合」が強いのかを知るためには細かい検査をする必要がありますが、大雑把に考えて、デジタル時計のほうがわかりやすい人は「継次処理」の傾向があり、アナログ時計のほうがわかりやすいという人は「同時総合」で情報を処理する傾向があるといえそうです。

「継次処理」が得意な人は、言葉による指示が入りやすく、一つひとつ細かいステップを踏みながら、物事を理解する傾向にあります。ですので、指導したり指示を出したりするときも、一つずつ、細かく言語化していくと効果的。

一方、「同時総合」が得意な人は、物事を俯瞰して全体像をとらえることが得意なので、視覚的な力、空間を把握する力があると考えられます。こういう傾向なら、全体を大まかに説明したあと、細かい部分を説明するといいでしょう。その際、図や表、絵やチャートなどを使って視覚的に理解させるほうが、言葉で一つひとつていねいに説明していくよりも効果があります。

これらを踏まえると、その子の苦手なことを知ることで、情報処理のパターンのおおよその傾向をつかむことができます。

もし、デジタル時計なら問題ないのにアナログ時計では時間がわかりづらいとか、積み木やレゴを作るのが苦手であれば、空間を把握する力が弱いかもしれないという仮説を立てることができます。とすると、その子はどちらかといえば「継次処理」的傾向、言葉で段階を踏んで説明したり指示を出したりするほうが理解しやすい可能性があるかもしれないといえるわけです。

Cちゃんのように料理や掃除などは得意なのに学校の勉強や運動が全般的に苦手だったりする場合は、「同時総合」的な傾向があると仮説を立ててみては？

学校での指導が細かいことを一つずつていねいに、というパターンだと「同時総合」のタイプの子は全体像が見えず混乱しがちかもしれません。結果、授業についていけなくなって勉強や運動等につまずくこともあるのです。

今日から子ども・若者のためにできること

＊一つひとつやっていくほうが得意なのか、全体を把握しつつ、一度にいくつものことをこなすほうが得意なのか。まずは子どものおおまかな傾向を把握。それに応じて、日頃の指示や指導のやり方を変えること。それとは別に、苦手な情報処理パターンも少しずつ訓練してみて。

7

情緒不安定

おこったり、泣いたり
情緒不安定。
携帯電話やスマホを
肌身離さず持ち歩くのも
いじめられているサイン？

ママの心配

Aちゃんママ

小学3年生の娘は学校でからかわれても、なんだかよくわかっていない様子。空気が読めないと友だちに言われている場面に遭遇したこともありました。そのときは「仲よくしてね」と頭を下げたのですが、それでよかったのか……。言われたことをすぐにできなくて、クラスで浮いてるみたいです。スマホをずっと握りしめているのも気になって。

Bちゃんママ

小学2年生の娘はよく一人で泣いているのですが、理由を教えてくれません。学校はきらいではないと言います。実際、今のところ皆勤賞です。それなのにいつもメソメソするのです。気持ちの折れやすい子だから、甘やかしてはダメとお医者様は言います。

Cくんママ

小学1年生の息子が2学期になってから、毎朝、おなかが痛くなります。学校には行きたいらしいのですが、それでも、いつも体の不調を訴えています。1学期は勉強もできたみたいで楽しかったようなのですが、秋以降はなんだか、それもパッとしないみたいで。子どもに聞いても理由を教えてくれません。

子どものきもち

Aちゃん

学校に行くといつも一人になる。私がなにか言うと女子はクスクス笑ったり、男子は急に怒ったりする。でも、私にはどうして、みんなが私のイヤなことをするのか全然わからないの。知らないうちに、いつもそうなっている。ママはしっかりしなさいって言うけれど、しっかりの仕方がわからない。

Bちゃん

なぜかわからないけれど、悲しいの。お友だちはいるし、仲間はずれにもされていない。消しゴムを隠されたり、ノートを床に落とされたりすることもあるけれど、私だけじゃないもん。いじめられてないもん。でも、私は気持ちがチクチクするの。どうしてなのかわからない。なんだかわからないから、涙がたくさん出てくる。

Cくん

学校はきらいじゃない。友だちもいるし、給食も楽しいし、毎日行きたい。でも、最近、なぜかわからないけれど、朝、ベッドから出たくないんだ。朝ごはんもあまり食べたくない。玄関で靴をはくとき、いつもおなかが痛くなる。でも、どうしてか自分でもわからない。

いじめを「いじめる子・消極的にいじめる子・傍観者」と「いじめられる子」という概念でとらえていると、効果的な対応につながりづらいことはこれまでくり返し説明してきました。

犯罪学等では、いじめは戦略的暴力であり、集団に発生するものととらえます。したがって、いじめの予防も発生してからの対応も、本来なら学校や地域など、発生した集団のありようが問われるのです。ですが、未だ個人間の問題ととらえるのが日本のいじめ対応の現状のように私には思えてなりません。

いじめに遭っている？　サインにどうやって気づけばいい？

実は子どもや若者たちを取材していて、実感することの一つに「いじめられていることを認めるむずかしさ」があります。これは、その子が幼稚園児であろうと高校生や大学生であろうとあまり変わらないように思います。

だからこそ、大人にはいじめのサインに気づき、早期に対応することが重要だと私は考えているのです。

たとえばメソメソする、泣きわめく、相手をかんだり蹴ったりする、植木を踏みつけたり引っこ抜いたりする、おなかや頭、足や腕が痛くなる、食欲がなくなる、妹や弟、ペットなどをいじめる、友だちと遊ばない、親に言葉や態度で反抗する、ケンカが増えるなど攻撃性が強くなる、落ち着きがなくなる、イライラする、衝動性が強くなる、勉強や運動などそれまでできていたことができなくなる、いつも緊張感がある、自信がない……。

いじめなどなんらかの暴力にさらされている子どもがみな、しくしく泣いて、表情が暗かったり固かったりする、というわけではありません。まず、そこを踏まえておくことが肝心です。

それからもう一つ大事なことは、子ども本人が「自分は精神的・心理的・肉体的に暴力（いじめ）にさらされている」となかなか自覚しない、あるいは自覚できない、自覚したくないということ。

たいていの保護者は、BちゃんやCくんのような状態にある子どもを見ると「なにかあったのでは？」と考え、子どもに聞きます。でも子どもは「わからない」「なんでもない」と答えるのです。保護者が「いじめられているんじゃないの？」と聞いて、そこで「うん」と答える子ばかりではありません。

でも、私は「うん」と答えない子に、あれこれ具体例をあげて「ほら、あなたはいじめられているのよ、わかったでしょう」と自覚をさせる必要はないと考えています。だれだって、いじめられている自分はみじめで情けないもの。幼稚園児でさえ私に「いじめられていないもん」「大丈夫だもん」と大粒の涙をこぼしながらでも言い続けるのは、そこに彼らのプライドがあるからだと私は考えます。自分はいじめられているのだと言語化した瞬間から、ますます心身の具合の悪くなった子どもを多数見ている私としては、そういった彼らのプライドは尊重し続ける必要があると思うのです。

かといって「様子を見守りましょう」はNG。何事も早期発見早期対応です。

そこでまずやりたいのは、子どもたちがそういった状態になる可能性が家庭内の葛藤（たとえば受験など両親からプレッシャー、両親が不仲、家庭に暴力があるなど）にあるのか、それとも家庭外の葛藤にあるのかを見極めること。

葛藤が家庭外にあると思われる場合は、戦術を立てるために、子どもはいつからそういう状態か、だれとなにをしていたらそうなるのか、などの記録を取るといいでしょう。

学校の様子を聞くときも「なにかイヤなこと、されなかった？」と限定的に、否定的なことを聞くのではなく、「いつどこで、だれとなにをどうしたか。そのとき自分はどう思ったか」など、本人に話をさせる方法で聞いてみてください。

ここでのねらいは、だれがどういじめているかを見つけ出すことではなく、子どもがどういうストレスを抱えているか、また、そういったストレスを受けたときに、どう対応をしているか（あるいはしていないのか）を知ることにあります。

いじめに遭わないように子どもを守りたい気持ちはよくわかります。

ですが、一生、子どものそばにいられるわけではありません。だからこそ、子どもにいじめなどのストレスに直面したときの耐性をつけ、乗り越え方を学ばせることが、私たちに課せられたことなのではないでしょうか？　こういった力が社会を生き抜く普遍的な力に直結していくわけですから。

今日から子ども・若者のためにできること

＊子どもの異変に気がついたら①
「今日あったこと」「前後の場面や様子、周囲の言動」「その子自身の対応」などを子どもに５Ｗ１Ｈで質問しながら行動観察し記録。どういうストレスに遭い、なにに弱いのか知る。

8

ストレスがすごい

学校にも好きなおけいこごとにも行きたがらなくなった。知らない間にいじめに！どうすればいいの？

ママの心配

Aくんママ

私立小学3年生の息子。急に落ち着きがなくなり、衝動性も強くなって困っています。忘れものも多いし、しょっちゅうお友だちとケンカもするし。先生にはADHDだろうから精神科に行ったほうがいいと言われ、ショックを受けています。小さいころは普通でした。このごろは好きだったサッカーの練習にも行かなくなってしまって……。

Bちゃんママ

私立小学4年生の娘が6歳の妹をいじめます。ぶったり、こづいたり、突き飛ばしたり、おもちゃを取り上げたり。幼稚園までは妹ができたことをとても喜んでいて、かわいがっていたのに、いったいどうして？いじめる理由を聞いても「いじめてない」「遊んであげていたら、勝手に泣きだした」と明らかなウソを言いはります。

Cちゃんママ

小学3年生の娘は私立の女子校に通っています。1、2年生のときは成績も優秀でお友だちも多く、親が言うのもなんですが、リーダー的な存在でした。ところが3年生になって徐々に様子に変化が……。2学期が始まって成績が急激に落ちてしまって。そのせいか、娘は学校に行きたくないと言います。不登校にはなっていませんが。

子どものきもち

Aくん

最近、クラスのみんなが、ぼくのイヤがることを言ったりやったりする。この間は靴を隠された。それでぼくが怒ったら、みんなが笑った。とても頭にきたので先生に怒ってもらおうと思って話したら、先生は「ちょっとした、いたずらだよ、怒らない怒らない」と言って笑った。だれもぼくの気持ち、わかってくれない。なんかイライラする。

Bちゃん

学校の勉強は楽しいけど、休み時間は遊ぶ相手がいないから楽しくない。最初、私は休み時間に本を読んでいたの。だから、みんなが遊ぼうと言ったときも「イヤ」って言った。そうしたら、次のとき私が遊ぼうと言ってもだれも遊んでくれなかった。学校に行くと疲れる。それなのに家に帰ると、妹がいろいろ言うからもっと疲れる。

Cちゃん

勉強が急にできなくなった理由はよくわからない。授業はちゃんと聞いているし、宿題も塾もがんばってやっているのだけれど、なんかダメなの。教室に入ると息苦しくなるし、班に分かれたり、グループで活動するのもイヤ。最近はよく保健室に行ったり、カウンセラーの先生のいる部屋に行ったりしています。

前項でも説明したように、人をかんだりけったりする、植木を踏みつけたり引っこ抜いたりする、おなかなど身体が痛くなる、食欲がなくなる、弟妹やペットなどをいじめる、親に反抗する、ケンカが増える、落ち着きがなくなる、勉強や運動など、それまでできていたことができなくなる……。こういった「それまでとは違う様子」が見られたとき、子どもたちはなんらかのストレスにさらされていると考えてください。そして、前述したようにストレスの原因が家庭内にあるのか家庭外にあるのか、見極めます。家庭外というのは、たとえば「知らない人からの心身への暴力」や「学校や塾などでのストレス」などが考えられます。学校や塾などでのストレスがあるからといって、それが即いじめとは言えません。ですが、問題はそういったストレスが子どもに不利益や不都合、しんどさをもたらして、不適応を起こさせている点です。

子どもは学校で失敗体験（お友だちとの関係がうまくいかないのも失敗体験です）が続くと、①学校での立場をなくし、②友だちからますます拒絶され、③自尊感情が破壊され、④「自分にはなにかをすることができる」という気持ちを失うことがわかっています。

その結果、教師や保護者、学校を信頼できなくなり、自分には価値があるという思いや希望を失い、無力感が募ります。そして、努力すれば、もっと違う結論が待っていると自分自身を信じる力を失っていくのです。いじめであろうが、家庭内にあるなんらかの葛藤であろうが、ストレス要因を取り除くことができるなら、それに越したことはありません。また、ストレスのもとを避けて生きていくことができるのであれば、それもまた一つの方法でしょう。

ですが……。保護者が一生、子どものそばでストレスから守ってあげることができない以上、「ストレスの源を回避する」だけでは、問題の本質は解決せず、社会を生き抜く力も子どもに備わりません。結果、子どもが将来、不適応を起こすなど、不利益をこうむる可能性が高くなることもあると、成人になってから不適応を起こして苦しむ若者たちを取材しながら考えています。

達成感を積み重ね、自己効力感を育てることを目指したい

本書の冒頭でも紹介しましたように、子どもが社会で不適応を起こさないためには本人に「弾力（resiliency）」をつけることが必要です。犯罪学者たちは「どれだけリスク要因が重なっても、その子に弾力があれば、社会を生き抜いていくことができるようになる」と言っているのです。そして、くり返しますが、「弾力をつけるためには、保護要因をあげていくことが重要」だと科学的に証明されています。つまり、第2章で紹介したようなスキルを身につけることこそが保護要因を上げていくことになり、いじめを予防したり、いじめから回復したりするときには必須だというわけです。

しかし、現実はそう簡単にいくはずもなく、よく聞かれる質問には「すでに本人に不登校や食欲不振など、なんらかの状態像がみられるとき、一体、大人はな

にから着手すればいいのか」「学校に相談してもなにもしてくれないとき、親にはなにができるのか」「いじめが起こっているとき、被害児童は心が傷ついているから、休ませたり転校させたりしたほうがいいのか」というようなことがあります。

一度にいくつもの問題を解決できないとき、私はまずは「自分自身の気持ちを言葉にでき、自分のことがわかり、自分の可能性を信じる力をつけること」から始めてみてはどうかと提案します。

この自分の可能性を信じる力、すなわち自己効力感は「達成感の積み重ね」や、「子どもに①責任感を育てる機会を支援し、②学校や家族、地域社会に貢献する場を設け、③自分で選択し決めていけるようにし、④自律心を養い、⑤大きな失敗や小さなまちがいに対応できるようにすることなどから得られる」と言われています。

この土台ができれば自尊感情も育ち、自分の将来に期待したり楽観したりする力につながります。同時に語彙力をあげ、自分自身のことがわかる力もつけることができれば、自分をコントロールしたり、自分で決定したりする力が育つ土壌もできます。これらが複合的にからみあって、社会性や問題解決能力も涵養されていくのです。

今日から子ども・若者のためにできること

子どもの異変に気がついたら②

＊本人に目標を設定させて、努力して成果が出るようにさせる。
＊責任感を育てる機会を支援する。
＊学校や家族、地域社会に貢献する場を設ける。
＊自分で選択し、決めていけるようにする。
＊自律心を養う。

9

学校に行けない

学校が不登校に熱心に取り組んでくれません。親として、なにができる？

ママの心配

Aくんママ

私立小学４年生の息子が小学３年生の３学期から不登校に。なぜ行かないのか、と聞くと「学校はいやだ」と怒りだします。いじめられているのかもしれないと思って学校に聞いても「そんな事実はない」というばかり。おなかが痛いというので医者に連れていくとケロリ。家では遊んでばかりで勉強もしません。学校側には、休みが続くなら公立に移ってくれと言われています。

Bくんママ

国立小学６年生の息子が登校したがらず、困っています。学校の様子を先生に聞くと「休み時間によくほかの子どもたちと騒いでいます」と言われるばかりで……。学校では異変がないのに、家で異変があるということは、家庭になにか問題があるのでしょうか？　せっかく受かった国立小学校で、もうすぐ国立附属中学校に進学できるのに……。学校は不登校対策には熱心ではないように思います。

Cちゃんママ

5歳の長女が、毎朝ひどく泣いて登園をいやがります。ある日を境に突然そうなったので、先生に聞くと、わがままが出ているだけ、とおっしゃる。「無理にでも来させないと行けなくなる」と園長先生に言われましたが……。夫には私の育て方が悪いと責められ、自分でもうつ状態です。娘は「自分はもう幼稚園には行かない。家でママと遊ぶ」と言ってききません。

子どものきもち

Aくん

いつの間にか勉強がどんどんわからなくなっている。それでイヤになって学校を休んだら、気分がすっきりしたんだ。それから、イヤなことがあるときは学校に行かなければいいと思った。でも、だんだん本当に行けなくなってきちゃった。どうしてかわからない。

Bくん

クラスでなんか言ったら、すぐ女子に「ウザい」「キモイ」と言われ、どうしたらいいかわからない。ママはいじめだというけれど、ぼくはいじめとは思ってない。ただ、いつ言われるかと思い、学校にいるとドキドキする。それで、毎朝、今日もドキドキするかなあと思ったら、玄関で吐いてしまう。ぼくを助けてください。

Cちゃん

私は知らない人といるのがイヤ。みんなはなんだかいろいろと楽しそうにやっているのに、私はどうすればいいかわからないの。みんなと仲良くって、どうすればいいの？　もう、なんだか疲れちゃったから幼稚園にはいきません。

保護者ならだれでも、わが子を不登園や不登校にはしたくはありません。それでも、子どもたちは徐々に、あるいはある日突然、登校をいやがるようになり、保護者に衝撃を与えるのです。こういうとき、保護者は①ひとまず休ませる、②医者やカウンセラーのところに連れていく、③学校に相談するなどといったことをすることでしょう。こういった手段で状況が改善する場合はいいのですが、問題はそうはいかなかったときです。

担任によっては、家庭訪問するなど登校刺激を与えてくれることもあります。でも、それもだんだんと回数は減っていきがちでしょう。また担任が変わると、引き継ぎはなされるものの、具体的な支援からは遠のいていくことも。結局、「学校に来ない子にはなにもできない」「(公立学校の不登校児童生徒を引き受ける)適応指導教室に行ってはどうか」「フリースクールに行くのはどうか」「いっそのこと転校したほうがいいのではないか」と言われてしまう……。かように、学校での現実的な対応には限界があるのです。

また「こうやって不登校が治った！」的な情報も多々ありますが、子どもは10人いれば10通りの解決策があり、万人に効く特効薬があるわけではありません。

私がくり返したいのは第2章で紹介したような力をつけることが「不適応に対する予防的な指導・支援」に直結するということ。

まず、本人が自分の状況を把握できる力を養いましょう。

今、どういう気持ちなのか、言葉で言えるようになること。それができれば、子どもは自分の心身の状態を具体的にとらえて理解でき、少しでもストレスを和らげることができるようになります。どうしてそう思うか、を言葉にするといった「感情の言語化」という方法は、犯罪学などでは反社会的な行為を取らない保護要因の一つであり、すべての子どもに必要な力だとされています。そのうえで、前項で紹介した「自己効力感をじっくり育てる」のです。

それから、もう一つ大事なことがあります。それは、学校や塾の友だちとかぶらない居場所を作っておくことです。

学校でいじめられなくても、塾でのいじめが学校に飛び火することはよくあるし、その逆もしょっちゅうです。子ども同士の噂はＬＩＮＥなどを通して秒速で広がります。一度「あの子は○○でいじめられている」という噂が広まったら、「あの子はいじめてもいい子」というレッテルを貼られてしまい、学校にも塾やおけいごとの場所にも居場所がなくなってしまうこともありうるのです。

おけいごとなら、学校のお友だちがいないようなスクールに。学校とおけいごとのお友だちが重なってしまうと、学校に行けなくなったときにおけいごとにも行けなくなることがありえます。

また、集団性を学ぶ意味においても同年代の子どもが集まってなにかをやる、というものができるだけいいのですが、サッカーや野球のようなスポーツは集団が苦手な子にはむずかしい場合も。理想は、ボーイスカウトや剣道・合気道、合唱や合奏、バンド活動、ダンス、園芸、農業、ボランティアなど、個人でも取り組み、集団でもなにか目的を持ってやる、というものです。また、ロッククライミングやカヌー、ダイビングなど、個人の体力や判断力を養うようなスポーツもいいでしょう。

そういったスポーツなどを通して、異質平等で対等な人間関係が構築できれば、学校や塾に行けなくなったとしても本人の居場所になるはずです。

それと同時に、家庭内で責任のある役割につかせ（お料理係でも家の周りの掃除係でもよい）、他者に貢献できる環境を作り、本人が自分で選択し、決めていけるように支援すること。そういう土壌が、たとえ今しんどい思いをしていても、将来の自立や社会参加につながっていきます。

今日から子ども・若者のためにできること

＊責任ある役割を与えて他者に貢献し、自己決定する力も養う。
＊学校以外の居場所を作り、異質平等な関係を構築できる仲間を作っておく、いじめが発覚してからそういう場所を探すのでもOK。
＊不登校になったら、子どもにメリット・デメリットを話し、復帰計画を立てて。

用語解説

【逸脱】

社会や集団のルールや暗黙のルールに反すること。一般的に犯罪、非行、自殺、売春、薬物中毒などが逸脱行動。いじめ行為も逸脱そのもの。


【インクルーシブ教育システム】

障害者の権利に関する条約の第24条に明記された、障害のある者と障害のない者が共に学ぶ仕組みのこと。「同じ教室にいるだけ」のことではない。


【既読無視（既読スルー）】

無料SNSアプリLINEには、グループチャットをするときに、トーク相手が送信したメッセージに「読んだ」という表示を出す機能がついている。この表示を出したのにもかかわらず、返信しないこと。いじめの対象者には知らせず、同じグループのほかのメンバーで新しいグループを作ってやりとりする「置き去り」もある。


【継次処理と同時総合】

継次処理とは物事を順番に捉え、問題を処理する能力のこと。同時総合とはまず全体をパッと見て捉え、部分同士を関係して問題を処理していく能力のこと。こういった情報処理過程を知ることは、子どもの学習効果を高めるためにも効果的と考えられる。


【作業記憶（ワーキングメモリ）】

脳の中で情報を一時的に保ちながら、すでに学習した知識や経験を参照にして操作すること。会話も読書も計算も推論もみな作業記憶を使う。


【自己決定】

自分の生き方や生活について、他人に迷惑をかけない限りにおいて、自由に自分で決定すること。


【自己効力感】

外界のことがらに対して、自分がなんらかの働きかけをすることが可能だという感覚。


【自己評価】

自分で自分自身の行動や性格などを評価すること。


【自尊感情】

自分自身に対する肯定的な感情や評価。ありのままの自分を尊重し受け入れる態度のこと。


【ソーシャルキャピタル（社会関係資本）】

社会で生きるうえで必要となる信頼や規範、人間関係のこと。


【弾力（レジリエンシー）】

困難を跳ね返す力や立ち直る力のこと。


【通級指導教室】

通常の学級に在籍していながら個別的な特別支援教育を受けることができる制度。１９６０年代後半に「ことば・きこえの教室」が設置されたのが始まり。1993年に言語障害や難聴、情緒障害、弱視、肢体不自由、病弱などのある児童生徒が、2006年からは自閉症スペクトラム、ADHD、LDなど発達障害を持つ児童生徒も対象になった。

【適応指導教室】
市町村の教育委員会が、長期欠席をしている児童生徒を対象に運営する教室。この教室に通えば在籍校に出席していると見なされる。学習支援が基本だが、自治体によって内容は千差万別。

【特別支援学校】
視覚障害者、聴覚障害者、知的障害者、肢体不自由者、または病弱者（身体虚弱者を含む）に対して、幼稚園、小学校、中学校または高等学校に準ずる教育を提供するとともに、障害による学習上または生活上の困難を克服し自立を図るために必要な知識技能を授けることを目的とした学校。

【認知】
知覚、記憶、判断、推理、言語理解、言語表出など、さまざまな情報を収集して、それがなんであるかを判断したり解釈したりする過程のこと。

【発達障害】
生得的なさまざまな要因から、主に乳児期から幼児期にかけてその特性が見られる発達遅滞の一つ。発達障害者支援法の定義ではアスペルガー症候群など広汎性発達障害、学習障害、注意欠如多動性障害がこれにあたる。医学的には知的障害も含まれる。

【非言語コミュニケーション】
表情、視線、身振り、手振り、姿勢、相手との距離、声のトーン、声質、口調、服装や髪形など言葉以外の手段によるコミュニケーションのこと。

【不適応】
環境や状況、条件に適応できないこと。

【メタ認知】
自分自身を認識するときに、自分の思考や行動そのものを対象化し、客観的に把握し認識する力のこと。自分自身を監視し、今自分がなにをしているのか、なにを知っているのかということを知って理解する力のこと。

【問題解決能力】
問題に対する解決策を発見する思考のこと。より高度なあらゆる知的な機能の中でもっとも複雑な思考であるとされる。

【リスク要因と保護要因】
リスク要因とはその子どもが将来、反社会的な行為を取る確率をあげる要素のこと。基本的にリスク要因は変化させることができるものと、変化させにくいものがあるとされている。保護要因はそういったリスク要因の影響を下げる要素を指す。誰でも多かれ少なかれリスク要因も保護要因も持っている。

あとがき

子ども の〝いじめ〟が陰湿で狡猾に変容していて、多くの子どもたちが執拗に責められ、孤立し、絶望していると痛感したのは２００３～２００４年のことでした。

その頃、私は宇治少年院で行われていた矯正教育を集中的に取材していました。同少年院の首席専門官だった向井義氏に、少年院で大事なことはいじめが起こらないようにすることで、そのためには組織をしっかり経営すると同時に、個々の少年たちの特性を把握し、社会適応できるよう徹底的に指導する必要があると聞いていました。また、個々の少年に対してリスク要因を下げ、保護要因を増やすことを視野に入れ、効果があると科学的に証明された指導法だけを導入しないと社会適応が難しいことなども教えてもらっていました（詳細は『心からのごめんなさいへ一人ひとりの個性を踏まえた教育に挑戦した少年院』をご参照ください)。

実際、ほかの少年院を取材すると、同じ税金を使って、こうも違うかというくらい教育効果が違っていました。ひたすら厳しく管理統制する、従来通り精神論的に指導する、心理学的に寄り添うなどのほか、「犬を飼い、犬の気持ちがわかるようになれば非行は治る」と断言する幹部がいるなど科学的根拠のない指導を行っているところが本当に多かったのです。そういう少年院の多くは、現場の職員の血のにじむような努力でもっていましたが、これにはやはり限界があり、少年たちが規律違反を繰り返して職員に反抗するようになり、いじめや逃走、自殺等も起こっていたのです。反抗するようになったからといって少年たちをさらに厳しく管理したり、統制したりすると、より陰湿ないじめが起こり、ますます上下関係が強くなって、子どもたちは荒んでいき、結局は職員も疲弊し、病んでいっていました。

「そんなの、少年院の話であって一般の学校には関係ない」「非行少年とそうじゃない子どもを一緒にするな」と思われるかもしれません。

でも、その発想を変えない限り、いじめ問題は解決できないと私は考えています。なぜなら、学校でもまったく同じ原理が働いているからです。教師の力が強く、厳しい指導を行っている学校や学級では、大人の目の届かないところ（登下校中、裏サイトやSNSまで）でいじめが繰り広げられていました。教師が友だち感覚で、あまりルールが徹底されていないような学校や学級では、いじめはリアルでもバーチャルでも露骨に行われていました。「いじめはダメ！」と打ち出していても、教師が個々の子どもの教育的ニーズを把握しない（できない）学校や学級、子ども同士に信頼や人間関係が育っていない学校や学級、保護者や地域の人が遠因を作るような学校や学級でもひどいいじめはありました。発覚すれば被害者・加害者を含め全体を指導しますが、役割やいじめの手段等がしょっちゅう変わっていくため、抜本的な解決にはなっていないというケースが多々ありました。

一方で、学力も高く、運動もできて、いじめや不登校のない学校や学級、いじめ問題を解決していった学校や学級を取材すると、無意識のうちにリスク要因を下げ、保護要因を強化するような指導が行われていることにも気付きました。

だからこそ、向井氏が実践し、効果を上げていた指導理論のなかに、いじめ対策のエッセンスが宿っていると私は確信したのです。いじめが起こらない環境づくりは当然のことですが、一生心地よい環境に居られる保証がない以上、子ども自身にどんな困難をも乗り越えていける力を育てる必要があると考えます。それこそが、弾力をつけることであり、保護要因を少しでも増やすことなのです。

本書は、月刊誌『ＶＥＲＹ』に連載したものを大幅に加筆修正してまとめました。この連載は、今尾朝子編集長と担当の原里奈副編集長にお声掛けいただきスタートしました。特に原さんは、毎回、的確なアドバイスをくださり、叱咤激励してくださいました。また、イラストレーターの江田ななえさんは、毎号、愛くるしいイラストを多数描いてくださいました。皆さんのお力添えがなければ、本連載が長く続くことはなく、こうして日の目を見ることもありませんでした。厚く御礼申し上げます。

登場する子どもたちの年齢は就学前から学齢期が中心ですが、将来、自立し、社会参加していくために身につけておきたい力は皆同じ。中学生だろうが大学生だろうが、障害があろうがなかろうが、帰国子女だろうが外国籍だろうが違いはありません。

繰り返しますが、われわれ大人がすべきことは5年後、10年後に不適応を起こさないよう、少しでも保護要因を増やし、弾力をつけること。そういった力が、いじめだけでなく、あらゆる人生の困難を乗り越え、回復し、より自由に生きていく力になっていきます。いじめを生き抜いた子ども若者たちやいじめ解決に苦しむ教育現場を取材し、私はそう確信しています。

2014年6月

品川裕香

著者　**品川裕香**（しながわゆか）

教育ジャーナリスト・編集者。北海道大学大学院教育学研究院付属子ども発達臨床研究センター学外研究員。前中央教育審議会専門委員。元内閣教育再生会議委員

兵庫県生まれ。早稲田大学法学部卒業。出版社で雑誌・書籍の編集に12年携わった後、2000年に独立。教育・医療・社会問題を異文化理解・予防的観点から取材執筆。国内外の教育現場（いじめ・不登校・虐待からLD・ADHD・アスペルガー症候群など特別支援教育、非行など矯正教育まで）、子ども・保護者・教師・支援者たちの思いを多角的に取材執筆。『怠けてなんかない！』のシリーズ（岩崎書店）、『「働く」ために必要なこと　就労不安定にならないために』（筑摩書房）、『心からのごめんなさいへ　一人ひとりの個性に合わせた教育を導入した少年院の挑戦』（中央法規出版）など著書、訳書多数。

本書は月刊誌『VERY』（光文社）で2009年4月号から2011年5月号に連載した「学校のソムリエ（second season コドモノキモチ・third season　いじめない力・いじめられない力）」に加筆修正したものです。

いじめない力、いじめられない力
60の“脱いじめ”トレーニング付

2014年 7月31日 第1刷発行
2019年11月15日 第4刷発行

著者 ―――― 品川裕香

発行者 ―――― 岩崎弘明

発行所 ―――― 株式会社 岩崎書店
〒112-0005 東京都文京区水道1-9-2
電話 03-3812-9131［営業］
03-3813-5526［編集］
振替 00170-5-96822

イラスト ―― 江田ななえ

デザイン ―― 鈴木佳代子

印刷・製本 ―― 三美印刷株式会社

Published by IWASAKI Publishing Co.,Ltd.
Printed in Japan
ISBN978-4-265-80214-2 NDC371

岩崎書店ホームページ http://www.iwasakishoten.co.jp
ご意見をお寄せください info@iwasakishoten.co.jp
乱丁本・落丁本はお取り替えします